瀛庐晓语

王晓平 著

凤凰枝文丛 ／ 孟彦弘 朱玉麒 主编

凤凰出版社

图书在版编目（CIP）数据

瀛庐晓语 / 王晓平著. -- 南京：凤凰出版社，
2024. 9. -- ISBN 978-7-5506-4235-5

Ⅰ．K207.8-53

中国国家版本馆CIP数据核字第20249E0X22号

书　　　　名	瀛庐晓语
著　　　　者	王晓平
责 任 编 辑	孙　州
书 籍 设 计	陈贵子
责 任 监 制	程明娇
出 版 发 行	凤凰出版社(原江苏古籍出版社)
	发行部电话025-83223462
出版社地址	江苏省南京市中央路165号,邮编:210009
照　　　　排	江苏凤凰制版有限公司
印　　　　刷	苏州市越洋印刷有限公司
	江苏省苏州市吴中区南官渡路20号,邮编:215104
开　　　　本	880毫米×1230毫米　1/32
印　　　　张	9.5
字　　　　数	175千字
版　　　　次	2024年9月第1版
印　　　　次	2024年9月第1次印刷
标 准 书 号	ISBN 978-7-5506-4235-5
定　　　　价	68.00元

（本书凡印装错误可向承印厂调换,电话:0512-68180638）

王晓平

1947 年生，现为天津师范大学文学院教授，汉文写本工作坊负责人。著有《近代中日文学交流史稿》《亚洲汉文学》《中日文学经典的传播与翻译》《日本诗经学文献考释》等专著。

弁 言

"凤凰台上凤凰游"，是李白《登金陵凤凰台》之诗句，昔年我江苏古籍出版社立足南京、弘扬文史，而更名所由也。

"碧梧栖老凤凰枝"，是杜甫《秋兴八首》所吟咏，今日我凤凰出版社为学林添设新枝，而命名所自也。

30多年来，凤凰出版社围绕中华传统优秀文化，彰显传承文明、传播文化、服务大众、贡献学术的出版理念，坚持以整理出版中国文、史、哲古籍及其研究著作为主的专业化方向，蒙学界旧雨新知之厚爱、扶持，渐已长大成为"碧梧"，招引了学界"凤凰"翩然来栖。箫韶九成，凤鸑凰翔！嘤其鸣矣，求其友声！

"凤凰枝文丛"是本社与学界同人共同打造之文史园地，除学术研究论文外，举凡学人往事、经典品评、学术札记之文化随笔，旧学新知，无所不包。是作者出诸性情而诗意栖息之地，读者信手撷取而涵泳徜徉之处。

"凤凰鸣矣，于彼高冈。梧桐生矣，于彼朝阳。"

愿"凤凰枝文丛"成为我们共同的文化家园。

2019.5.22

序

回想过去，最快乐的时光很多都跟书有关。因为爱看书，中学自编自导过两个独幕话剧；下乡当农民，被叫到县里的写作培训班，试过写小说；下雨天不出工，也胡乱涂抹过自己叫作"诗"的东西。然而，终究没有成为剧作家、小说家和诗人。

学问做了些年月，毕竟火候还差得远。如果硬要"称家"的话，那我就只能算是一位"爱书家"——这是我仿照日语"爱妻家"（宠爱妻子的人）生造出来的词。我想"爱书家"这顶帽子戴在我头上的话，不大不小，正合适。

进入学术圈，译过一些书，写过一些书，也编过一些书。真心想把这些书变成一碗大碗茶，让人喝过以后心里舒坦，有益健康。现在，凤凰出版社给了我一个机会，出一本小书，我就想到，把十多年那些为自己译过、写过、编过的书写的序言、前言和相关短文之类的，编在一起，也算是请读者认识一个离不开书的人吧。

书在寒舍享有最尊贵的地位，且占据最有利的空间，这空间，我戏称为"瀛庐"。

这十多年，已经是我人生的黄昏，但我内心深处，总错误地觉得还有一个闻鸡开卷的早晨等着我。

人生快乐有很多种，其中有一种叫作读书。如果以后还有机会出一本小书的话，我就想写写遇到过的那些乐在书中的"真读书人"，写写埋在他们心头的故事。

鉴于中日文汉字既相通，又有异，常易混淆。本书注释中的作者名、书名、丛书名、杂志名、出版社名，皆从日语原文，主要是为了便于读者查找，亦不背离"名从主人"之通则。

目录

王晓平：探究中国经典的"世界性因缘"

　　2015 年 3 月 20—22 日，国家社科基金重大项目"日本汉文古写本整理与研究"开题论证会暨首届汉文古写本研究学术论坛在天津师范大学举行。作为项目首席专家的王晓平在会上强调，在国学热的今天，"外学"同样不可偏废。"研究中国的学术要努力，研究外国文化的学术也要加油，而且在很多时候，中国文化'走出去'和各国文化的互通互鉴需要共同的知解基础。"年近七旬的王晓平如今已是白发萧然，推进中外文化（尤其是亚洲文化）交流，是他毕生的事业和心愿。

　　"作者将中国传统治学方法与比较文学结合起来，在广阔的文化背景中描述中日一千多年的文学交流史，对亚洲汉文学进行一体化研究，拓宽了《诗经》学、敦煌文学和诗学的研究领域，也为日本《万叶集》等古典文学的比较研究注入新的思路，并因此成为获得日本奈良万叶世界奖的第一位中国学者。"论者的这段话算得上是对王晓平毕生学术研究的最好概括和评价。

万叶世界奖是授予对《万叶集》研究与国际传播做出杰出贡献学者的国际学术奖，由国际知名专家组成的评审委员会从各国遴选。首位获奖者是一位巴西学者，王晓平是第二位获奖者。结束十几年的在日任教生涯，归国后，他先后出版了《日本中国学述闻》《亚洲汉文学（修订版）》《东亚文学经典的对话与重读》等著作，其中百万字的《中日文学经典的传播与翻译》收入国家社科基金文库。2014 年，王晓平获第五届中国侨界（创新人才）贡献奖。

"小时候最开心的，是混进老河北大学（今天津外国语大学）那间平房小书店，钻到大学生堆里蹭书读，小说、诗歌、剧本、科普，摸到什么看什么。"多年后，王晓平翻译的第一篇日本文学作品，是著名的动物作家椋鸠十的《大造爷爷和雁》（收入中国少年儿童出版社 1982 年出版的《月牙熊》）。在他看来，这种缘分或许可以追溯到那时的杂书乱翻。

王晓平的学术生涯，始于攻读硕士学位之时。彼时正值"文革"结束，思想文化领域全面拨乱反正的历史时期。改革开放打开了国门，也打开了国人的视野。比较文学更是成为一大显学。尽管他在读研究生时开始与国学和古代文学结缘，但赐予这一缘分的还有他生活多年的内蒙古，尤其是乌兰察布。20世纪60年代，王晓平到内蒙古自治区大青山以北的武川县插队，接触到不同民族的各式民歌，虽不无粗粝浅俗之处，但这些充满乡土气息的原生态民歌，却成为他日后从事《诗经》研究的前缘。70年代中期，王晓平到乌兰察布草原尽头的一个边防城市工作，不仅因涉及外事工作而常用俄语，而且有机会接触到蒙、满、回等不同民族的文化，感受不同民族生活习惯和思维方式的差异，由此影响了他日后看待学术的不同视野。

20世纪80年代，比较文学曾吸引无数研究者投入其中。但在学界同仁眼中，王晓平的比较文学研究却自有其独异之处。一方面，在改革开放初期的比较文学研究中，中西（主要是欧洲和北美）比较占据主流，中日（以及其他亚洲国家）比较相对而言成果略少。因而，王晓平的研究有颇多填补空白之处。

对话

《中华读书报》：前不久，您在国家社科基金重大项目"日本汉文古写本整理与研究"开题论证会暨首届汉文古写本研究学术论坛上，提到这一项目的任务之一是对汉文古写本史料进行抢救性挖掘。您可否介绍这方面的情况？这一项目的意义是什么？

王晓平：曾有学者将各国现存的中国汉文典籍称为

"汉籍"，而将汉民族以外各民族用汉字撰写的书籍称为"准汉籍"。从总体看来，这两类典籍都是汉文。"汉籍"多保存中国国内已散佚的宝贵文献，"准汉籍"则是中国文化影响东亚文化发展的直接见证，也是研究古代中国与周边各国关系的第一手材料。

汉字手书是汉文化圈一个重要的文化现象。写本（也叫抄本）是中国典籍传播与影响周边文化的早期载体。保存在域外的汉文古写本折射出中国文化独特的发展模式和传播方式，是研究我国的历史文化、语言文字、书法艺术等多方面学问的重要资料。把它们一个不差地请回故里，是两百多年以来几代中国学人的一个心愿。汉字的艺术性、创造性和柔韧性是周边各国丰厚写本文化的基础。汉文古写本的文献价值是不可替代的，同时，古写本中还不乏艺术瑰宝。今天，古写本面临岁月侵蚀、残损磨灭、失真失传的危机，一旦失去，无可补救。汉文古写本的整理和研究不仅对于纠正周边文化研究中轻视汉文化的偏差具有重要意义，而且对于汉字文化研究也将给以有力的推进。

《中华读书报》：中国的写本研究有哪些独特之处？据您了解，西方对写本的研究现状是怎样的？

王晓平：中国传到周边各国的汉文古写本和各国文史写本，不仅使用文字大体相同，而且体例、书写规则等都基本相同，不仅与敦煌写本同源，而且多属同一时期文献。敦煌写本研究所建立起来的写本学基础，为这一研究提供了最好的参照，可以帮助我们利用现代科技手段对各国汉籍珍稀写本进行全面整理。敦煌写本研究的影响已经使敦煌学成为一种国际化的学术。另外，比如说女书、彝族的文书、纳西东巴经卷的研究，都是中国写本学独特的学术资源。

西方写本学最初主要研究中世纪拉丁文写本，进而扩大到希腊、犹太、阿拉伯和波斯文的原典。像大英图书馆、美国国会图书馆、耶鲁大学的图书馆都保存了众多写本资料。很多国家对于"手稿学"也积累了丰富的研究成果。汉文古写本越来越引起国际学界关注。日本京都大学等学术机构已设立"敦煌写本与日本古写本工作坊"等研究机构，加拿大哥伦比亚大学陈金华教授在各国积极推动东亚佛教写本合作研究。

汉文古写本研究就是要借用敦煌写本研究的"钥匙"，借鉴西方对写本物质性和艺术性研究的思路，在充分尊重与深入研究周边各国历史、文化、语言的基础上，破解周边各国汉文古写本研究的难题，不放过写本中任何一个传达文化信息的细节，哪怕是一点一画，也要为其清源解密，以呈现中国典籍外渐的历史原貌，重新审视中国文化对世界文化的贡献，为汉文写本学建立数据库。

《中华读书报》："比较文学"作为舶来之学，其历史不过几十年，而中国传统的"朴学"则绵延久远。若以"跨越性"视角来看，这一中一外、一古一今的两种学问方法能否融通、共生乃至相得益彰？

王晓平：传统学术博大精深，但也还有很大的生长空间，如少数民族文化和域外文化的研究。我把关于本土文化的研究，看作是中华学术的"内篇"，把对域外文化的研究看作它的"外篇"，不管是内篇还是外篇都反映中华学术的水准。内、外篇研究跟两件事有关，一是与其他文化的互通互鉴，一是中国文化走向世界，这两者都离不开对中外文化传统的了解。

对中外文化的真知灼见是我们展开学术对话的第一利器。创造性地运用传统朴学的方法，可以帮助我们从语言、文字等基本方面处理好中外文学文献，更重要的是，树立一种重视实证、不尚空谈的学风，使我们的比较文学研究从天上"空降"到中国文学这块沃土上，更加扎实，更具有与各国学术平等对话的实力。

《中华读书报》：您强调比较文学研究的中国价值和中国特色，并据此倡导建立比较文学研究的"中国话语"。您本人的"跨文化的新朴学"可否理解为比较文学研究的"中国话语"？

王晓平：以前我们比较熟悉的是一种中学和西学相对的模式，到了 21 世纪，随着世界多元文化的发展，我们对于美国学、法国学、英国学、德国学等的关注，可能要比对于所谓整体的西方学术的关注要更多。同时，日本学、韩国学、越南学、印度学等，或许会获得长足发展。中国学术的双边、多边对话场合越来越多，所谓"中国话语"，也可以说是我们为与各种面孔的对话者面对面的一种本领的准备，也就是那些能从根儿上说清楚中国文学是怎么回事的话语。

汉文对于世界文学的影响或许只有拉丁文对欧洲文学的影响可资比较。实际上，汉文影响持续的时间要比拉丁文长，更重要的是，汉文的影响不是通过武力征伐和势力扩张来实现的。历史上周边各国的汉文学，具有多种功能，以文为政、以文为教、以文为礼、以文为戏、以文为艺，比如诗歌就渗透到社会与生活的各个领域。这些都跟中国文学渊源很深。汉文学传统在周边各国长期延续，这种现象不是套用现有西方话语能够说清楚的，"中国话语"不是自说自话，而是中国文学（智慧）与对话者的分享，当然也有对话者文学（智慧）的中国表述。

所谓"跨文化的新朴学"，简单说来就是尊重原典，赋予义疏、义理、小学等传统学术方法以新的生命，并寻求将其运用到对周边以及各国文化的研究中的途径。当然，这只是比较文学诸种方法之一种，而且我更在意的是能有"桃子"可摘，而不是贴上方法的标签。

《中华读书报》：中国古代名著《水浒传》在日本从江户时代开始就被多位作家改写，而日本书店里集中摆放的"三国物"则是与《三国演义》有关的一切读物，旧时开蒙读物《千字文》在日本竟被推演出数百个品种，在我国刚刚被煲成"心灵鸡汤"的《论语》，在日本则早已被改译为经商版《论语》、职场版《论语》、就业版《论语》等针对不同人群的俗译版本。您的研究让我们了解到很多中国古代经典在日本流传演变的细节。这些经典在亚洲其他国家的命运如何？

王晓平：从历史来看，中国的很多文学经典在日本以外的国家也都有很广泛的流传和影响，在这些国家中形成了修典藏书的传统。影响最大的是《史记》，朝鲜半岛很早就有《三国史记》，越南也有《大越史记》，日本有《日本书纪》，都是采用司马迁所奠定的纪传体。汉文学直接的模拟对象是中国文学，《孝经》《文选》《千字文》等传入周边各国，而这些国家对这些作品的研究也受到中国学界的影响。这些国家对中国文学的接受具有继承性，那些历史上产生过重要影响的作品，今天仍然在不断被翻译、重写，并成为学者常谈常新的话题。

读书报：从日本的"支那学""东洋学"到今天的中国学，都是日本近代学术的产物，而中国学者对那些受西方学术影响较明显或采用比较研究方法产生的成果还不太熟悉。这一点值得我们深思。

王晓平：日本研究的特点在于，一方面它接受西方的影响，采用的论述模式甚至语言都带有西方的特点，但中国学的很多著作也有不同于西方的地方，就是它也受到中国传统考据学的影响，又沿袭了日本学人从小处做足大文章的规范，提出了一些有价值的看法。如日本汉字研究专家白川静，他对中国神话的看法就很给人启发。当然现在日本的中国学也在不断变化，像20世纪初那样的汉学大家不容易产生了，中国学研究也存在困境。但是从整体来说，我们还需要深入去做一些了解和介绍工作，这样才能与之展开有效的交流与对话。

《中华读书报》：您谈到不仅要认识如《西游记》这样的中国古典名著与日本文化的内在关联，也必须跳出"旧学"的窠臼，探究它们的"世界性因缘"。能否具体谈谈？

王晓平：《西游记》等中国文学经典不光是中国人喜欢，日本、朝鲜以及东南亚国家等很早也开始有人进行研究和改写。这种改写有两种方式，一种是"本土故事汉化"，就是把他们本国的故事按照中国文学的价值观和处理方式来写；另一种是"汉土故事本土化"，把中国故事改换背景，变成发生在本土的故事。他们对中国文学的阐释，往往具有鲜明的民族个性。我们有必要好好看看，我们珍视的中国元素在这些再创造的作品中哪些被保留了，哪些缺失了，哪些变身了，哪些走味了，各国的重写有哪些共性和特点，这对于我们向世界讲好中国故事是大有启发的。"知同、明异、互读、共赏"，这样，中国文学就可能在世界上获得更多粉丝。

《中华读书报》：您对日本的《诗经》学有颇深的研

究。在您看来，在异质文化的激荡交会之中，作为中国传统经典的《诗经》，在日本有何吸收与创造？

王晓平：日本现存的中国典籍古写本资料中，以《诗经》和《论语》最多。由于《诗经》兼属于经学和文学范畴，在日本受到儒者和学习辞章的两方面人的重视。它被改写成日本的民族诗歌和歌与俳句，一些儒者为了把《诗经》介绍给普通日本人，还把《诗经》改写成散文或短剧，同时利用传入日本的唐宋以前的《诗经》写本来作考证。日本近代以来对于《诗经》的研究，主要受文化人类学者葛兰言的影响，出现了一批有现代意识的研究成果。关于这方面的情况，拙著《日本诗经学史》《日本诗经学文献考释》以及我主编的多卷本《日藏诗经古写本刻本汇编》，就试图回答这些问题。

原载于《中华读书报》2015 年 7 月 22 日。

第一辑 星使海客

加藤周一：倒在途中的世界旅人

    2008 年 12 月 5 日，89 岁高龄的加藤周一在东京世田谷区医院，离开了他牵挂的世界。这位世界旅人，平静地结束了他的生命之旅。把他撂倒在旅途中的，是多种脏器衰竭。

    学者们说，在日本战后，加藤周一始终是那些有心做学问的青年人心目中一颗闪亮的星。这颗知识之星、思想之星、论说之星，默默地陨落在 2008 年的岁暮，而把日本与世界，特别是与亚洲不同文化对话和交流的无尽旅程，留给了后来的学子。

    在我熟识的日本学者中，尤其是比较文学、比较文化研究者当中，很少有没读过加藤周一著述的人。他们有的是历届日本比较文学学会会长，有的还担任过国际比较文学学会的会长，也有日本"文化功劳者"称号的获得者，更多的是初登学术殿堂的学子。数年以前，加藤周一关于

著名评论家加藤周一

"21 世纪是不同文化对话和交流的世纪"的名言，便已在这些人中间不胫而走。尽管这些学者对加藤周一的言论抱着各种各样的想法，但对于这位"知识巨人"无不心怀敬意，叹服他视野广博，理想高远，文风明快，善于举重若轻。语言学家说，他对日本文化和文学之美，概括得精准而恳切，而对于其缺欠也能直言不讳；美术家说，他对东洋美术有独到的研究，发人所未发。许多人感叹说：他懂的东西真是太多了。

　　加藤周一说过："人会深爱不懂的东西，却不会深懂不爱的东西。"他因为深爱这个世界，所以便要懂得它，于是便开始了他不倦的学问之旅。他本来是一位医学博士，专业是血液学。在他的履历表上，填写的却是日本学教授的头衔：曾任耶鲁大学讲师，柏林自由大学、慕尼黑大学客座教授，大英哥伦比亚大学教师，上智大学教授。他一生结过三次婚，其中有一位是澳大利亚女性。最后的夫人是评论家矢岛翠。

他是作家，发表过《一个晴朗的日子》等小说，但人们首先把他当作一位"论客"——评论家。在学科越分越细的学界，他的知识却不为学科所拘，因而被大江健三郎称为"日本有数的大知识分子"。

这是一头什么样的羊？

加藤周一属羊，说自己温和的个性也多与羊相通。所以，1968年他写的自传就叫作《羊之歌》。在这本书的跋中，加藤周一这样描述自己："不胖不瘦，不高不矮，不富不穷。语言和知识两相杂糅，一半是日本味，一半是西洋味，宗教是不信任何神灵，天下政事是自己不怀青云之志，道德价值则采取相对主义。几乎没有人种偏见。（对于）艺术是非常喜欢欣赏，却没有达到亲笔绘画、亲手演奏的地步。"

1967年他又出版了《续羊之歌》，讲述他在五六十年代的经历。这头温和的羊，不知疲倦的羊，在世界行走，和不同肤色、不同脸孔的人交谈，时而蹲下身来，向路边的修鞋匠请教；时而面对围拢来的学生，将世界见闻娓娓道来。他从不说废话，拉闲白儿，而进入他的话题的，又是如此广泛。听众能够清晰地领会他的话，却很难领会他的整个世界。他能够用日语、英语、法语、德语、意大利语授课；也能面向来自各个阶层的老少听众，讲政治、社会的热点问题。

不错，他的性格是温和的，见到他的人，自然就想到他不愧是一个医生。说话不急不躁，大眼凝神注视着对方。有时目光如炬，却很快又泛出慈爱的光。直奔焦点，而不回避躲闪，从不出慷慨激昂之辞。敏感话题、犀利论点，能用平和口吻来述说，应该说是一种艺术。他的文章读来也是温和的，波澜不惊，既不故作高深，也不作尖新之语，却不平淡，不呆板，他有时将自己的心情，寄寓于轶事、闲谈或梦境，笔法有点像《庄子》。但给人印象最深的，是那些对时事、政治或文学艺术的透彻评论。

几十年来，非欧美国家的现代化问题，是他思考最多的课题。他的《日本文学史序说》被译成多种文字。在此之前的许多日本文学史，只不过是被欧美文学观念切割和肢解的文学史。他的贡献，并非只是写出了一部"广义文学"史，因为这还涉及如何界定古代日本文学的根本问题。

从他的《日本文化的杂种性》发表以来，学者们便对他提出的"杂种性"的概念议论纷纷。问题的提出，是他对所谓日本纯化运动两种类型的洞察：一是以抛弃日本种的枝节，使日本西化的愿望；一是以去除西方种的枝节，保存纯粹日本式事物的愿望。这两种倾向反复交替。为此，他试图告诉人们用抛弃纯化日本文化的愿望的办法，去切断这种恶性循环。他断言："日本文化是杂种的，并不是说今天的日本文化在枝节上有西方的影响，而是说今天的日本文化的根本是旧传统的文化和外来的文化两者哺育着的。"他让人们对"杂种""纯种"不抱褒贬之见。今天人们再理解他的这些话，往往忽略他所处的具体文化语境，而过于强调"杂种"现象的普遍性。这固然可以看作"杂种文化论"的深远影响，却并不符合加藤周一揭示日本现代文化特性的初衷。所以在听到这样的议论之后，加藤周一总是要补充说："杂种"是根本意义上的杂种，绝不是枝节的。从枝节上看，英法文化也不是没有受到外国文化的影响，印度、中国更是这样。

这是一头温和的羊，却不是怯弱的羊。与其说加藤周一是"知识巨人"，不如把他称为"胆识巨人"。每一次较长时间的海外之旅，都会改变他对世界的观念。早年旅欧之前，他将西方文化等同于民主主义，提倡全面学习西方文化；而当他真正看过西方之后，就在肯定西方科学技术和民主主义普遍意义的同时，积极挖掘日本传统文化对现代化的真实意义。20世纪70年代初，当他从中国回国之后，也对日本近四十年的外交政策严肃地加以反省，他的独具慧眼之处，也恰在于将这种反省和对日本文化的透视联系起来。

在中日邦交前夕撰写的《外交不在四十年》一文中，他说，对于今天日本的外交来说，由于全部交给外交家，所以就成了过于重大的问题。外交自主性，就是世界观的自主性；世界观的自主性，归根结底是日本国民的文化自主性。所谓文化，既非《源氏物语》，也非茶道，也非三味线，而是日本社会独特的构造，其中所保障的思想自由、国民福祉与民主主义的权利，是我们自身对这些全部的自豪和自信。人没有自信，就做不到对他人的宽大，是对抗呢，还是追随呢？不幸的是，这些正是最近日本历史的本身。当时，美日对华政策面临重大调整，而一般民众和知识分子对中国充满误解，心存疑惧。加藤周一的这些话，从理论上对民间外交做了肯定，他关于外交与文化关系的论说，令人耳目一新。

《日本文化的杂种性》

对日本文化的自信和自知，可以说贯穿在他一生的研究中，不论是对其剖析也好，批评也好，都是这种自信和自知的体现。因为在他看来，对传统文化只能说好，对其中那些与现代化背离的东西也不能说半点儿不好，实质上也是短了自信，少了自知。

加藤周一对日本传统文化有很多精辟的论述，但是他的视野和追求，要比一般日本主义者高远许多。在《日本文化的杂种性》中，他对日本主义者的剖析可谓一针见血。他说，日本主义者肯定是精神主义者，他们认为不论日常生活和经济基础如何，精神可以独立形成文化，然而，应该充分注意到这种思考所需的材料，即立论不可缺少的概念，许多来自西方，与"和风"（即日本风格）相距甚远。

他对翻译的作用尤其给予极高的评价，警告说，如果剔除翻译的概念，精神活动肯定不久就会瘫痪，想把翻译的概念从日本传统文化的影响区别、清理出来，在今天的日本是不可能的。他一直在思考，在现实生活中，非欧美国家现代化文化建设中出现的国粹主义和西化主义轮番交替的恶性循环，可以通过哪些方面去找到它的病根。

加藤周一的《论天皇制》《日本文学史序说》等代表作，是一版再版的名著。多达24卷的《加藤周一著作集》，没有收尽他的全部著述。时至晚年，他笔力犹健。2006年出版了《日本文学史序说补讲》，以及与王敏、王晓平、加藤千洋的对谈集《怎样开拓日中关系》；2007年，岩波书店出版了他的《日本文化中的时间与空间》，朝日新闻社出版了他的《夕阳妄语》；2008年，鸭川出版社出版了他的《加藤周一对谈集（6）》，搜集了他近年关于宪法、古典、语言方面的言论。这些还不包括他在这一期间讲演的小册子和报刊文章。

1979年起，加藤周一开始在《朝日新闻》上连载他的随笔《山中人闲话》，1984 年改题《夕阳妄语》。这些随笔，拥有广大的读者群。有些读者说，他们是因为想看《夕阳妄语》而订阅这份报纸的。在 2006 年 7 月发表的最后一篇文章中，写到邻居一个"颠倒老头"，凡事颠倒来看而又絮絮叨叨。在这个老头的眼中，国民在下、受雇的官员和政治家高高在上的国家，是把民主主义颠倒过来了，唯有再一次颠倒过来才是。在这位"颠倒老头"身上，我们看到的正是加藤周一本人的忧虑。

有人说，《夕阳妄语》中的"夕阳"隐喻着风烛残年，我想恐怕并不全面。虽然加藤周一在中国的时间，要比在欧美和日本的时间短些，他有过法国文学的专著《现代法国文学论》，却没有中国文学的专著，但对中国文学的关注却是始终一贯的。他不会不知道"夕阳无限好，只是近黄昏"的诗句，在这诗句之中，很可能就有他改题的心情。其中不仅是对风烛残年的现实生存状态的定位，还有走出"山中"，直面美好余生的理想生存状态的定位。

羊的一个特性是从众，在这一点上，加藤周一可以说最不像羊。从 20 世纪 80 年代以来，他就在各种场合发出警告，希望人们警惕否认日本侵略历史的行为。在《审查教科书的病理》一文中，他揭露通过修改教科书而篡改历史的危害，尖锐地指出："文部省向教科书出版商施加的强大压力，从形式上看，是教育事业集权化的表现，而从内容上看，则是为日本军国主义的复权所作的努力。""把

'侵略'改换成'进入'，并不是表达的客观化，而是妄图掩盖历史事实。"熟悉中日关系史的人们，不会忘记加藤周一说这些话时的国际关系背景。

在写作《羊之歌》的时候，加藤周一表白说，是要拿自己作例子，来谈一谈"一个近乎现代日本人平均的人，是在怎样的条件下成人的"，然而正如该书扉页上所说的，从这位出生于羊年的人，在战争和法西斯的狂潮汹涌的土地上保持着独立精神，不为时世埋没生存下来的故事当中，可以看到"决非平均的一个强劲个性的成长"。我体会，加藤周一这番告白的本意，是想用一个人的历史，讲述一个时代、一种精神。

不过，加上后来出版的《续羊之歌》，也只写到 20 世纪 60 年代，而那以后，他的世界之旅虽然缩小了地域，并没有结束旅程。"精骛八极，心游万仞"的思考，频繁的讲演和写作活动，使他在知识分子中的影响长久不衰。他继林达夫之后，担任过平凡社《世界大百科事典》的主编，还是立命馆大学国际和平美术馆首任馆长。这些当然是学术职务，是由于他本人对国际文化的造诣和日本美术的精通而被赋予的职责，同时也是他和平运动的一部分。

羊一般温和的口吻，也不能掩盖他对日本未来深深的忧虑。多年以前，这位"国际派"学者就深深感受到日本在亚洲的孤立，感受到国内青年人日益脱离政治的危险，看到这两种倾向势必互相纠缠不清，形成恶性循环。2006

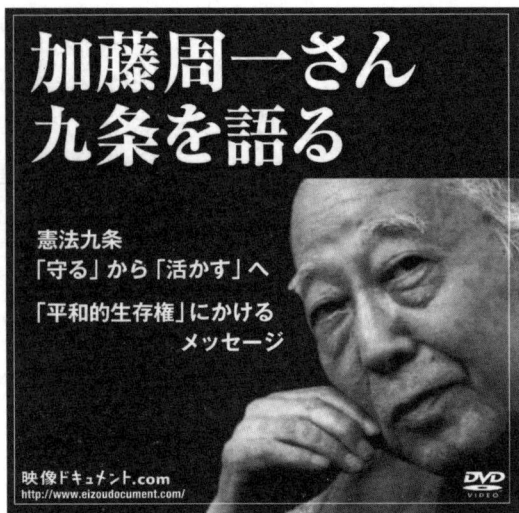

《加藤周一谈九条》

年，他还在批评安倍政权修改教育基本法。他担心日本现有的民主主义基本框架遭到毁坏，战后的和平宪法岌岌可危，预言"从美国先导型的日本右倾转向日本先导型的军国化，只是时间问题"。可以说，他是带着对日本未来的忧思，停步在他跑了半个多世纪的跑道上的。

一颗星陨落了，一颗自由思想之星。在他的心目中，反对战争和争取民主自由常常是一回事。在他的成名作《1946：文学的考察》中，就对战时日本社会文化的深层进行了批判，在《羊之歌》里，对于军国主义政府为了所谓"国民精神总动员"而制造的日本是"世界第一"的神话，表示早有反感。在战争接连惨败的时候，军国主义政府还在鼓噪日军无敌的战报，而南京大屠杀、强制收容所、杀害无辜的妇女儿童等日军暴行，乃是战后才得以知晓的。对那种氛围下强制性的社会文化，加藤周一心怀厌恶。也就是从那时起，他把追求思考的空间当成自己的使命。不论是"新闻管制法"这样的有形压制，还是运用媒体、职场、社会舆论而施加的无形压力，他都不断予以揭露。

世界旅人眼中的中国文化

一颗星陨落了，一颗友好之星。加藤周一关于中国文化、中日关系，有过一些值得珍视的言论。由我主编的《日本中国学文萃》收入了彭佳红编译的《21世纪与中国文化》，其中只收入了有关中国文化的内容，关于中日关系方面的，收入不多。在《羊之歌》中，他预言日本应该加强和中国的经济联系。1971年9月，中岛健藏率领日中文化交流协会访华团到中国，加藤周一随团前来，参观访问了广州、北京、西安等地。归国后，和每次出国归来一样，他将自己看到、想到的写给自己的读者，告诉他们一个被日本政府、媒体、舆论屏蔽的更广大的外部世界，发表了《中国，以及兵营》《中国，两张脸孔》等文章。其中他指出，承认"代表中国的唯一合法政府"，绝不是日本政府给予中国方面的恩惠，不过是迄今日本政府政策存在破绽的结果，是不能不顺应的天下大势。只要日本政府还准备"施恩"，即使建立了外交关系，也不会出现真正的友好。

　　加藤周一还说，日中友好关系，从长期来看，是必须建立的。为此，仅仅恢复邦交是不够的：终结侵略战争，是保障将来友好关系的方法；赔偿是理应进行的；战争中掠夺的美术品应该归还；为对付中国而设立的安保条约，应该废止；对付中国而制订的军备计划，也是改正为好。具体来说，中止可能海外派兵作战的装备计划，实现冲绳的非军事化，撤销军事基地，都是必要的。这些文章，都收在次年出版的《中国往还》一书中。在中日实现邦交正常化之前，加藤周一发表这样的言论，表现了一个思想家不同凡响的胆识，今天，我们读来，也不能不为他的真诚所感动。他在不同场合反复提醒人们，中日关系不仅是两国的事情。不能说他对中国文化的理解都是对的，可贵的是他随时准备修正自己的理解。

　　一颗星陨落了，一颗和平之星。2004 年，在他已经 85 岁高龄的时候，腿脚不便，却挂着拐杖，开始了夸父逐日似的奔走。他和大江健三郎等老年学者共同发起组成"九条会"，把日本宪法第九条视为 20 世纪人类的重要文献，反对修改这一禁止日本自卫队行使武力的和平条款。他不停往来于东京和京都之间，也到各地讲演。听众多是老人和学生。一位参加了"九条会"集会的朋友跟我说，放眼望去，会场上一片花白头发。在有些人看来，这些老人简直是在为不可为之事，而加藤周一仍不断发出老人和学生携起手来结成联盟的呼吁，丝毫不停止他的奔走。

在加藤周一的友人中，萨特是特别值得一提的一位。1966年萨特访问日本，举行了多场讲演会和座谈会，并接受记者采访。10月12日，举行了"现代状况与知识分子"座谈会。参加者有后来"九条会"的发起人大江健三郎、鹤见俊辅等人，主持者正是加藤周一。在会上，就核武器、越南战争等政治话题展开讨论。其中萨特特别提到自己在广岛的见闻。而早在1945年，年轻的加藤周一还是东京大学医学部学生的时候，就曾经是"原子弹影响共同调查团"的成员，他把那时看到的触目惊心的惨状写进了《续羊之歌》之中，而他反对战争、保卫和平的意志，显然离不开青年时代的这些经历。

加藤周一的一生，像一个异邦人一样往来于世界。在他还要继续旅程的时候，衰竭的脏器却迫使他永远停跑了。在日友人用电子邮件把这个消息告诉我之后，我马上从网上找到了不断播放着他的讲演的图像。那是在大约一年之前，2006年12月8日，他在东京大学面对师生所作的反对修改和平宪法的讲演。我听着他的讲话，回想起2005年和他同场讲演的每一个细节。当时在四位讲演者中，他年龄最大，却是最早将打印好的讲演稿发来供大家传阅的。在筹备会上的每次讨论，对后生晚辈每个人的谈话，他都格外认真地听着、琢磨着、应答着。他思维敏捷，对中国文化的细节，也怀着孩童般的好奇心，那秃顶后背白发，侧过身来细心倾听的神情，永远定格在我的记忆中。

加藤周一1980年为《每日新闻》撰写的悼念萨特的文章中说过："人去了，连萨特都去了……我一再想着他的事情。""他（萨特）知道他一步步靠近了不可回避的死亡，但他不停考虑的不是死亡，而是活着的意义。"今天，加藤周一去了，日本学界会记住他那首《羊之歌》，记住他拄着拐杖奔跑到生命尽头的微微弯曲的背影，记住他对青年学子期待的热切目光。

2009年2月21日，在东京千代田区的朝日礼堂，将举行加藤周一的告别大会，届时由岩波书店社长山口昭男担任主持。可以想象，对这位世界旅人的辞世遥寄哀思的，不仅有他国内的友人，还有许多读过他的书的法国、德国、美国、加拿大、韩国的读者，其中也有读过他的《日本文学史序说》《日本文化论》《21世纪与中国文化》等译本的中国读者。

原载于2009年2月18日《中华读书报》。

庄严美与幻想美的归魂

　　平山郁夫是引领日本"敦煌热"的杰出文化人之一。说来日本 20 世纪 80 年代初出现的"敦煌热",是外交上与中国长期隔绝后的突然接近带来的"中国热"和本国文化寻根思潮交织的产物,加上据井上靖小说改编的电影《敦煌》热映获奖和 NHK 拍摄的大型专题片《丝绸之路》热播,社会各界对敦煌和丝绸之路的关注走向了巅峰。而在此之前,学界的研究和文艺界的创作,实际上为这一热潮的到来做了比较有效的准备。平山郁夫在日中两国各地举办个人作品展览会,以敦煌和丝绸之路为题材的日本画作品,以其鲜明的风格更加令世人瞩目。

　　1980 年,平山郁夫进入知命之年,第 65 届美术院展上展出了他的《渺渺长城终竟嘉峪关》,9 月从西至东纵横十万公里的《平山郁夫丝绸之路展——绘竟文明之迹》展览在东京日本桥高岛屋展出;1981 年,三原举办《佛

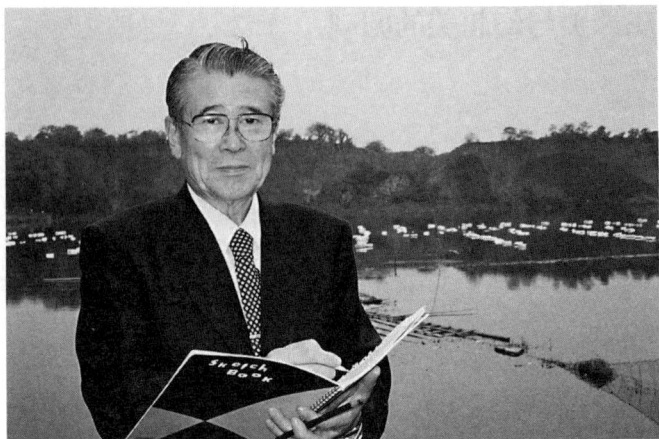

平山郁夫

教传来之路——平山郁夫展》，描绘丝绸之路的《平山郁夫素描展》在日本全国巡回展出；1982 年，作品《丝绸之路天空》在美术院展中展出，《丝绸之路追想——平山郁夫、加藤卓男二人展》在名古屋举办；1983 年，东京举办《平山郁夫展——通往天竺之路》；1984 年，静冈县举办《平山郁夫展》；1985 年，东京举办《佛教传来——通往大和之路，平山郁夫展》……

　　这只是平山郁夫艺术活动的一个缩影。而每一次展览活动之前，大都伴随着画家出访写生的长途旅行。截止到1985 年初，他的丝绸之路采风之旅就已经超过了 50 多次。从 1975 年随日本美术家代表团第一次访问中国，到 1986年出版素描集《黄河悠久之旅》，他到中国也有 20 多次。

一路行走，一路写生，一路创作，平山郁夫的绘画就是他行走于东西文化之路上的足迹。也就是在 1985 年，他在为自己的展览写的前言中说："从发表《佛教传来》以来，一直持续追寻着作为日本文化源流的佛教东渐之路，追寻着东西方文化交流之路。"他还说过："我与丝绸之路，或许可以说确实是命运的相遇，而且那条丝绸之路毫无疑义就是我在自己人生危机中发现、倾注热情而作为主题的佛教东渐之路的本身。"

人生现实中的丝路

如果说平山郁夫的一生就是一首文化融合的交响曲的话，那么，1959 年展出的《佛教传来》就是定调之作。他不止一次谈过这一作品诞生的经过，谈到自己在广岛原子弹爆炸中九死一生的体验，谈到爆炸后遗症造成的白细胞减少而生命面临危险的痛苦，谈到自己为了战胜痛苦而哪怕只能画出一幅传世好画的心愿，说自己是以祈祷和平和平安的心境画出《佛教传来》的，把自己的心情寄托在了玄奘历经 18 年前往印度求法的旅途中。他还曾为奈良药师寺新建的玄奘三藏院绘制了长 50 米、宽 2.2 米的大型壁画《大唐西域记》，并称这是 "26 年前描绘的佛教传来和迄今一直描绘的丝绸之路的总决算"。

那时说的 "总决算"，却并不意味着其人生与丝绸之路姻缘的终结，从那时直到逝世，他都没有停下脚步。平山郁夫说："丝绸之路今天已是世界地图上没有的道路，然而对我来说，它却又是现实中具有的道路，是我必须走下去的道路，而且也是我走上一生也不会消失的道路，它当然也是我绘画的道路。既然如此，也是作为一个人与生相伴的命中注定的道路。"我们欣赏他描绘的敦煌和西域，立即就会感到，这并非是今日风光单纯的写真，其中寄寓了画家对这条沟通东西方文化的道路近乎虔诚的敬畏之情，画中洋溢着庄严美和幻想美。

日本艺术是和佛教输入一同兴起的，平山郁夫对敦煌和西域的执着，不仅有他对日本美术和宗教不解之缘的理解，有他从敦煌壁画中寻找日本美术源头的心愿，也有他开拓日本画新境界的追求。在平山郁夫学习日本画的青年时代，正是日本文化的转型期。在"二战"期间，日本画被卷入国粹主义的旋涡之中，日本战败之后，国粹主义受到批判，日本画也遭到否定。战争中遭受军部严厉压制的眼界顿时打开，欧美的近代主义和现代思潮怒涛澎湃，带有封建性的日本画的前近代性和特殊性凸显出来，"日本画灭亡论"抬头。青年学子相信，只有投身新思潮，才能赶上新时代。当时的平山郁夫则在埋头苦攻写实技巧和摹写古典。《佛教传来》成为他穿越现实的壁垒、发现新的美术世界的第一作，是他超越"日本画灭亡论"和自身风俗画的标志。之后，他又前往欧洲留学，从事东西方宗教画的比较研究，确立了自己独特的画风。

日本画的发展，曾经深受中国画的影响而又形成了独特的技法、形式和样式，以绢、纸作画，多用岩画的画具；而平山郁夫的画种是多样的，素描、木版、铜版等都有。和繁错的油画相比，具有传统日本画的简洁；和绚烂的中国画相比，则凸显出细腻。平山郁夫在《我心中的丝绸之路》一书中说："以佛教作画，在解释方法上文学的内容很丰富，超越了时间与空间，有着并非划一的宇宙观，还有心中潜藏的日本文化源流的要素。既是象征性的，又可以是抽象世界。在绘画上变成了自由空间，可能创造出一个随心所欲的造型与色彩世界。"

日本美术评论家弦田平八郎说："平山郁夫一边在丝绸之路宏阔的时空中驰骋想象，同时又将它造型化。他一边确认着丝绸之路数千年人类的历史，一边把我们邀请到古代世界中来。"很可能是因为平山郁夫将西方的写生和东方的凭记忆作画结合到一起，给他的造型赋予了生命活力，才使我们看到了历代日本画不曾有过的天地。

平山郁夫虽然也经常写文章，有《平山郁夫全集》传世，但他更多的是在用他的画笔追寻梦想。我们从他的敦煌、西域绘画中享受到一种难得的静谧、安宁、淡定，很自然地联想到日本文学的特点。历史上的汉文学另当别论，吉田精一所说的日本文学中"激烈的怒吼和祈祷、雄壮而崇高的风物和人事，殆无所见"，还是相当准确的。在平山郁夫笔下，几乎找不到火热激烈的场面、大气磅礴的劲笔、令人费解的构思，而那落日中行进的驼队，那明月下起伏的山峦和清真寺，那林荫中通往佛寺的石板路，只需要人静静地伫立良久，默默地品味观赏。

幻美敦煌

平山郁夫画中的幻想美常常被人称道。他的幻想来自海洋和大陆的叠合。他曾说："在我的原点上总是有海洋，就是站在滴水皆无的沙漠上，在那风景里也会感受到海洋，简直就像潮水一样在颠簸着。"他的画常常放弃日本画必不可少的轮廓线，而以色泽来表现事物交接，给人梦境般的朦胧，或者远眺般的距离感。他多描绘苍穹，把它作为最自由、最广阔的思维空间，但又是和大地不可分割的空间。在《敦煌三危》和《敦煌鸣沙》这两幅作品中，那天空竟然和大地同色，干燥的沙漠和黄土与苍穹浑然一体，又让人联想到"秋水共长天一色"的名句。不论是清晨朦胧的湖水，还是热浪蒸腾的沙漠，都好像是在轻飘的雾气的那一边。

《佛教传来》描绘玄奘在密林中行进，地上鲜花开遍，林中飞鸟起舞，白马踏着欢乐的舞步，两位僧侣一前一后，一亮一暗，袈裟上金光闪闪，背影中的僧侣手指前方，仿佛是说："前面就是长安！"然而画面上没有经卷和行囊，旅途的艰辛和困难都不在画面中，画家将玄奘放在富有诗意的丛林里，将想象的空间留给鉴赏者。喜气洋洋的画面，让人想到归来是一次救赎，一次再生。

日本古代的绘卷，多将不同时空的事物画在同一画面，这样的表现手法也为平山郁夫所继承。多年来，他一直想将自己对广岛原子弹爆炸的体验画出来，1974年终于完成了《广岛生变图》，整个画面充满了熊熊烈焰，只有最下部是广岛仅存的断壁残垣，而在那烈焰之中隐现的则是不动尊的形象。画家既在表达供养死者的心情，又在用不动尊来象征走过灾难再生的广岛，火海中的不动尊俯瞰大地，正在发出"挺住！活下去"的呐喊。

细看他的画，不难体味其中的庄严。这种庄严来自他将祈祷和平的心愿和佛教东传之路、丝绸之路熔为一炉的创作精神。他的画多以蓝色和绿色为主色，其间闪烁着金色微光。古代充满艰险的漫长旅程，平山郁夫用平静、祥和、雍容的笔墨描绘成了一条少有喧嚣、浮尘、杂沓的大道，这条大道从罗马一直通达日本的法隆寺，所以，他的《丝绸之路三题》，就画到了法隆寺。在他看来，对日本佛教圣地的尊重，并非仅仅因为它们的古老，而是因为从那些树立了新的世界观而爆发式地建造出来的建筑和佛像身上，可以看到初期创造者的创意和热情，因而在他的笔下，它们超越了大海的阻隔，和敦煌的佛寺和造像一样，给今人以梦想。他描绘的《遣唐船》，没有惊涛骇浪，只有宁

平山郁夫《丝绸之路天空》

静的星空和明镜般海面上升起两片风帆的木船，至于他笔下的石雕、木雕的菩萨、佛像，就更加慈爱和安详。这或许是因为，飓风狂沙、滔天巨浪之后，历史沉淀下来的，都不过是一缕清风、一弯明月而已。

20世纪80年代日本的"敦煌热"和"丝路热"，大大丰富了日本人的中国形象。以往日本文学家描绘最多的是江南风光和北国山川，自那时起，敦煌和西域的景象越来越多地进入普通日本人的视野，日本人对中国文化的认识也更加立体化。今天很多人一想到敦煌，想到丝绸之路，最先想到的可能就是电影《敦煌》的故事，是平山郁夫描绘的富有装饰性的美丽日本画。几年前NHK重新拍摄的《新丝绸之路——巨变的大地》，重走丝路，沿路追踪当年途经地区的新貌，则是对那次"丝路热"的回应。

平山郁夫描画的敦煌、西域，还有黄河和北京，最宜于在人焦躁、愁闷、懊恼时去鉴赏，它会给你一份安宁，一份淡泊，一份历史的悠远。日本人从这些画里看到的是本土章法、异国情调，而中国人看到的则是自家风物、他人眼光。平山郁夫为保护敦煌不吝财力，各方奔走；晚年他提出了"世界文化财红十字"的构想，为保护作为人类文化遗产的文物而周旋于各地，呼吁各国为此展开合作，积极推动中日之间的文化交流，这些对他来说，做得那么自然，诚如玄奘西行万里，必定要东归长安。

"面向未来丰富而富有创造性的关系"

在日本生活的那些年里，有一件事让我很难忘记。由于小泉纯一郎参拜靖国神社而造成中日关系困难，在2006年，我工作的帝冢山学院大学决定与朝日新闻社共同举办一次主题为"日中关系发展文化有何作为"的公开讲演大会。在筹备会议的过程中，我们希望能够得到日中友好协会会长平山郁夫的支持。平山郁夫知道以后，很快给大会写来了信，信中说："今天，日中关系处于邦交以来最糟的状况。这种状况，不消说，是'教科书''参拜靖国神社'等政治原因起了很大作用，而其中根本的是历史认识问题。尽管战后过去了六十年，看来日本与中国、韩国，换句话说，施害者与被害者之间的隔阂却更大了，这是很遗憾的事情。"信中还说："为了跨越现在外交上陷于僵局的日中两国关系，持续有力的民间文化交流是极为重要的。我认为，以两国 DNA 的共通性以及尊重各自独特性为基础，就共同问题坦率交换意见，这些都会成为打破现状的巨大力量。在这个时候，不应忘记，日本人对于日本过去所犯下的过失有责任进行总清算，这也会成为文化交流的出发点。"

信中最后表示："以这种心情为核心，从由民间主导的文化交流方面，为了与中国以及亚洲各国建立面向未来丰富而富有创造性的关系，我于去年 12 月在韩国首尔与中韩两国文化界的领军人物创立了'日中韩文化论坛'，期待通过各种渠道的交流和对话，从文化方面来修复政治关系。"

今天读到这些话，过去的许多事情仍然历历在目。当时，媒体关于中国"威胁论"和"崩溃论"的宣传不断，书店书架上赫然陈列着各种否认日本侵略历史的新著，电视谈话节目中指责中国的声音格外刺耳。作为一个老艺术家，平山郁夫表明了反对右翼否认侵略历史的态度，为加深亚洲各国人民之间的相互了解和信任身体力行。宣读那封信时会场上响起的长时间掌声，至今仿佛还在耳边，而他信中说的那些话，仍耐人寻味。

二十多年以前，著名评论家大冈信曾经说："回顾平山 30 年走过的足迹，其中具有不可否定的一贯性，可以看到追寻人类宏大的心灵原乡的独行旅人的形象。"在平山郁夫故乡创立的平山郁夫丝绸之路美术馆，是在两年多以前开放的，那里展出的作品，不仅把人们带回到古老的昨天，更把人们引向多元文化共赢的明天。这些作品会把平山郁夫一贯的和平心愿和敦煌、丝路传递的文化精神，展示给后世的世界旅人。

原载于《中华读书报》2009 年 12 月 16 日。

学之通变　通变之学

——与严师严兄论东亚文学书

"一般来说，对古代文化的研究，学者常常会囿于自身设置的文化氛围中而难以实现与现代接轨，更难以与世界文化交汇容通。"① 这句话您写于十八年前。今天读来，感慨系之。身为中国古代文化研究者，我们和许多从 20 世纪七八十年代走来的学人一样，将自己的研究紧紧地和未来与世界拴在一起，向往着做一枚小小的石子，为打通中外学术铺路。您，还有您的师友们，一直站在探路者的头排，走在我们的前列，带我们走出自我封闭的藩篱，推开向现代接轨、与世界学人握手的大门。眼下正是雨雪载途，风尘莽莽，不曾想到，您会这么早地丢下一摞未完的文稿、一堆待阅的书本，匆匆飞逝，一去不归！呜呼哀哉！

---

① 严绍璗、王家骅、马兴国、王晓平、王勇、刘建辉著：《比较文化：中国与日本》，吉林大学出版社，1996 年，第 54 页。

严师严兄

记得和您第一次见面，是 20 世纪 80 年代中期，在北京大学一间小小的会议室里，一个会议的间隙。匆匆忙忙的，没有说上几句话，就决定了一件事情。在此之前，您的《中日古代文学关系史》和我的《近代中日文学交流史稿》同列入乐黛云先生主编的"比较文学丛书"当中，这次还是承蒙乐先生厚爱，让我们合著一部《中国文学在日本》，收入乐先生与钱林森先生主编的"中国文学在国外丛书"。当时，我们只简单说说各自打算怎么写，散会后就各忙各的去了。

再见面的时候，就是我捧着一堆稿子，在您家，看您三下五除二地将两个人写的统合一番，合写前言，拼合两个人的稿子，似乎没有多长时间，书稿就挺像个样子了。您的敏捷、睿智、果决，以及我们两个人的默契，毫无涩滞地顺畅合作，都是在边说边做的过程中享受到的。

说来这种默契，在两人见面之前似乎就已经形成了。原来在 1984 年暨南大学中文系饶芃子先生举办的比较文学研讨会上，机缘巧合，我和乐黛云先生同坐一车去吃中饭。没有说太多的话，车上乐先生就说她正在编一套丛书，让我也写一本吧。并且告诉我，丛书还将收入严绍璗教授的一本，内容是有关中日古代文学的比较研究。当时，我还是一个刚工作两三年的硕士生。我为乐先生的错爱所鼓舞，几乎毫不犹豫地决定："那我就写近代的吧。"

虽然原来我的兴趣一直在古代中日文学的交流，近代部分很多是我从头学起的，但当 1987 年底，捧着您的《中日古代文学关系史》一遍一遍读的时候，还是十分震撼。稍感欣慰的是，我们这两本书有很多相近之处。简单来说，都是在大量文献资料的基础上，来展开两种文学现象同与异、通与变的分析，有很多一般教科书或时髦文章中见不到的深入思考，而又很少空泛的议论。

多少年后的今天，我仍在庆幸：是那个开放的时代，没有那么多对年轻人这也不行、那也不对的捆绑的时代，让我得以接触到乐先生和您这样的大家，得到扶持与提携，我才得以走到今天。与您高效的合作，让我感受到巨大的信任，就像从乐先生那里感受到的一样。乐先生或许只是看了三五篇我发表在《文史》《中国比较文学》《文史知识》《日语学习与研究》这些"边缘"刊物上的几篇文章，听了一次我在学术会议上不足二十分钟的发言，就把中国第一套比较文学丛书的写作任务交给了我。她没有问我是不是来自名校，是不是拜过名师，有没有什么闪亮的头衔。虽然当时的"身份标签"还没有像今天这样具有冲击力，但已经有人拿起了这个"神器"，比如在名片上印上一大堆头衔，这成为当时教授名片的"国别特色"。

从与您定稿不久，我就在国外待了不短的时间，所以后来的工作就全未能参与。那次归国后，《中国文学在日本》已经出版。有意思的是，那本书封面折页上的作者介绍，关于我的"身份标签"，大都有些不确。这一方面是因为当时的国际电话、电报，甚至通信，都极为不便，少了些沟通的机会，同时是不是也从另一方面说明，那时人们对于"身份标签"的魔力还"认识高度不够"呢。

那些年，不论是在国内，还是在日本，每当遇到难题，首先想到的就是您。从80年代末，我就过的是中日隔海两头飞的"海鸥"生活。2005年，那年我还是帝冢山学院大学的专任教授，当时由于小泉纯一郎参拜靖国神社，两国关系遇到困难，我们学校与朝日新闻社准备召开一个面向全社会的公开讲演会，以"日中关系发展文化有何作为"为主题，说明中日关系的真相，在损害中日关系健康发展的各种势力嚣张的局势下，发出我们的声音。会议筹备期间，您正飞往美国，在飞机上为我们起草了贺信，半夜用电子邮件传到大阪。在大会开始的时候，这封贺信和平山郁夫的贺信一起宣读，在会场引起很大反响。听着会场上那热烈的掌声，我心里充满了对您的感激，为在如此时刻能有您这样的朋友支持而感到无比幸福。

对于我在天津师范大学的工作，您从来都是鼎力襄助的。2004年，天津师范大学比较文学与世界文学博士点建立，您亲自从北京来祝贺，为师生作了高屋建瓴的学术报告。2009年，天津师大文学院举办《东亚诗学与文化互读》国际学术研讨会，开会当日正值中国人民大学举办的国际学术会议需要您主持，结果您一日之中往返于京津两地，为天津的会议作了基调报告《关于文学"变异体"与发生学的思考》，而后马上赶回北京，去主持另一个会议。在没有高铁的时代，京津之间单程也要两个来小时，加上两边市内，所需时间更长，其紧张和疲惫是可想而知的。像这样的事情，几乎每年都可以举出来。

严情严理

不管是您的文章，还是您的谈话，特别让人感动的是您对那几位在学术道路上指点、激励、启迪过您的先生们，对支持您走上日本文化研究道路的魏建功等老师，对中外朋友点点滴滴帮助的真心感激。您的那些话常常让我想起相似的场景，引起内心深深的共鸣。

您曾讲起您带着日语的语录上干校的那些事儿，我马上想起自己曾在大字报栏下翻阅俄语语录的情景。那时爱读书的人，都有"明读"与"暗读"的经历。"明读"就是读那些没有贴"毒草"标签的书。只能暗读的书则有千千万万，能明读的书就那么几种，《史记》《莎士比亚全集》都属前者，《鲁迅全集》属后者。由于我对《鲁迅全集》翻过好多遍，所以后来读您收入《中国文学在日本》中有关日本鲁迅研究的部分就不由得发出会心的笑。

晴耕雨读，逆境淘书，是古代读书人常见的故事。

而到了现代，又有了许多新版本。天津师大原中文系主任、后来担任中国作家协会书记处书记的鲍昌，曾说他戴着"右派"帽子读完了所有能找到的马克思、恩格斯的书。《鲁迅全集》一遍一遍地读，就读出了鲁迅的喜怒哀乐，读出了一个有血有肉的鲁迅，一个有骨气和血性的鲁迅。很多话就刻在脑子里，深深的，死死的，到今天，也是狂潮冲不走，狂风吹不掉了。鲁迅的话让人清醒。我研究《诗经》，当然不免偏爱，但我总也不会忘记鲁迅说的"《颂》诗早已拍马"，觉得他说得真不错。鲁迅那些言说中国文化的段落，有些是以在日本的体验为背景的，而他言说日本文化的很多话，又有着中国文化的参照。他绝不是一个主张文化闭关锁国的人。

鲁迅这盏灯在我们心目中是永不熄灭的。在《日本藏宋人文集善本钩沉》一书的序言中，您在回答"你那么费劲地搞这些资料做什么"的问题时说："回顾学术文化研究的历史，作为文学家的鲁迅，一直在做着中国古文献的整理工作，作为史学家的郭沫若，一直在做着古文字的考辨工作。他们始终把人文的研究与确证的原始材料统一起来，对 20 世纪中国学术文化的贡献至大至巨。"[1] 你在《日本中国学史》的第十四章《日本中国学的当代文化研

---

[1] 严绍璗编撰：《日本藏宋人文集善本钩沉》，杭州大学出版社，1996 年，第 6 页。

究——对战前鲁迅研究的考察》引用了吉川幸次郎的话："对于日本人来说，孔子和鲁迅先生是中国文明与文化的代表。一个日本人，他可能不了解中国的文学、历史和哲学，可是，他却知道孔子和鲁迅的名字，他们常常饶有趣味地阅读孔子和鲁迅的作品，通过这些作品，他们懂得了中国文明与文化的意义。"[①]您用这样大的篇幅来论述日本的鲁迅研究绝非偶然，这当然完全可以看出鲁迅在您心中的位置。

在那个年代，《鲁迅全集》和各种粗糙发黄的纸张上面或印或写的鲁迅文章，在电灯、油灯、马灯、路灯昏黄的光照下被人们默读谙记，有许多戴眼镜和不戴眼镜的双眼在凝视它们，有许多人在窑洞土房、田边地头、牛棚马厩、鸡舍羊圈里默念过鲁迅的名字，默诵过他的名言。鲁迅作为那一时代中华先贤的代表，他的智慧、血性和骨气曾经默默地支撑了无数人走过苦涩的日子。因为想起他，也会想起他谈过的魏晋风骨，想起他对知识者的定义，想起他对"无韵之《离骚》，史家之绝唱"的赞美，想起他对中国古代文化入木三分的洞见，就明白什么是真正的中华文化精神，就不怕被人忽悠。

上大学时，我的班主任申建中老师一再跟我们说，读

[①] 严绍璗著：《日本中国学史稿》，学苑出版社，2009年。

作家要读全集。原来那时候，上上下下都在大搞"评法批儒"，系里组织师生编选什么"法家诗选"。从诗集里抽出几首诗来，就把李白、李贺、白居易当成"法家诗人"来涂抹。申老师则是在教给我们正确的治学与知人的方法。时间越久，越能体会老师的用意与苦心。研究生导师温广义先生又总跟我说，古书不要光看注释本，要多去看"白文"，学先秦的也不要只看先秦的书，要把汉魏、唐宋乃至以后的书都要多读，也才能真正理解先秦。这些话，都让我受益终生。和您议论起古代中日作家的时候，听您那些关于原著、原典重要性的话，便感到格外入耳。您的话有着极强的针对性。如果有人最关心的并不是究明真相，认识"真人"，而是性急地去找那些可以引来证明自己预先设计的"条条"和"框架"的话，那么完全不用费那么大的劲儿去啃全集，也不用去弥补阅读经验严重不足的短板。如果真想做一个您那样的"纯学人"，那也就别无选择，只有好好去读、好好去想一条路。

20世纪70年代末您发表的那些文章，不少都是逆境淘书的结果。1979年出版的《日本中国学家》，收入有关学者1105人，辑入他们的著作10345种。这是我国国际中国学研究最早的成果之一，而此书正是在十多年国内资料奇缺、研究工作的物质条件非常困难的情况下完成的。在《中日古代文学关系史稿》一书的序言开头一段的话，便有着这种逆境淘书后的感慨：

双边文学研究或多边文学研究，特别是关于它们之间的相互影响，常常会面临一些危险。这一方面是由于研究者为观念与视野所限，不经意地对一些似是而非的文学现象振振有词地发表见解，自然会受到饱学之士的讥评，双边文学研究的名声，因此也就会被败坏；另一方面是执着于民族主义情绪的研究家，常常把对揭示不同民族、不同国家之间的联系、排斥、包融和反馈的诸种研究，斥之为意在否定作家与作品的"个性"、试图抹杀文学的"民族性"等等。从事这一研究，有时不得不承担如此重大的责任，岂不让人如履薄冰，胆战心惊。[①]

这些话，正是那一位在特殊时代怀着惴惴不安的心情踏上探索之路的读书人的心声。不仅是双边文学研究会不得不面对这样的危险和尴尬，就是那些读双边历史、双边文化的人，甚至搞翻译的人，如果他不满足于糊里糊涂扫读而愿意求个究竟的话，都多少会为自己的学力不足而苦恼，也常不免会为自己的认知在多大范围内被认可而显出焦虑。对真知、真相、真情的渴望，或许是极大的诱惑，但也多伴随着无尽的思虑甚至痛苦。

在《中日古代文学关系史稿》中，您已提出古代日本

① 严绍璗：《中日古代文学关系史稿》，湖南文艺出版社，1987年，第 1 页。

是一种"复合体的变异体文学"的命题，并且给"变异"下了明确定义，指出文学的"变异"，一般来说，都是以民族文学为母本，以外来文化为父本，它们相互会合而形成新的文学形态。这种新的文学形态，正是原有的民族文学的某些性质的延续和继承，并在更高层次上获得发展。在《日本中国学史稿》的第四编"日本中国学发展中'变异'状态研讨"中探讨的也是日本中国学的"变异"①。从那以后，"变异"一语便逐渐热起来，为比较文学研究者津津乐道，您似乎有了这一概念被滥用的隐忧。在《国际中国文学研究》第一集《寻求表述"东亚文学"生成历史的更加真实的观念——关于我的"比较文学研究"课题的思考和追求》一文中说：

当我从文学的"发生学""传播学"和"阐释学"等多层面的立场上考察学术界关于"东亚文学"生成历史的表述后，便日益感觉到目前所读到的国内外关于这个层面的研讨，不少论说还是过多地局限在"民族文化自闭"的文化语境中，以自己本民族文学的所谓"统一性""单一性"和"稳定化"及"凝固化"为自身的"民族性特征"，从而事实上隔断了"民族文学"与世界文化的丰富多彩和

---

① 严绍璗：《日本中国学史稿》，第 373—445 页。

千丝万缕的联系，把本来是由多元组合的民族文化与文明的发展，伪装成七零八碎的所谓具有"单一性"和"凝固化"和"愈是民族的便愈是具有世界性"的。①

根据我的理解，在采用"变异"这个概念时，您是有明确界定的，言说对象也很明确，它对于描述"东亚文学"具有切实的意义。有变，并不一定就是变异。意料之中的是，这个概念很快被扩展，有些越来越偏离您提出这一概念本身的含义，一谈跨文化，便论其变异。我曾经听您说，那不一定都是您所说的变异。20世纪七八十年代以来，新理论、新概念、新词语纷至沓来，很多未经消化的东西一时变为漫天飞絮，对于这一"国产"理论，急于构建理论的人们泛化而用也不足为奇。您并不想陷于争论，这也是那一代学人普遍乐于采用的方法。然而，我总是在等待着，什么时候您再来澄清一下。

在天津师范大学国际中国文学研究中心召开的会议上，我曾以"五个一"来说明您的学术贡献，这"五个一"是：第一个全面系统地调查日藏善本书籍的学者，第一个从事日本中国学研究的学者，第一个撰著中日文学关系史的学者，第一个培养中国历史上东亚比较文学博士的

① 王晓平主编：《国际中国文学研究丛刊》第一集，上海古籍出版社，2011年，第1页。

学者，第一个培养海外中国学博士的学者。这一点也不夸张。这些固然是我尊敬您的原因，但更尊敬的，发自内心里向往的，是您那个"纯"，那个一心不乱。

"严风严雨"

《中华读书报》上曾经发表过陈洁写的一篇文章《严绍璗：象牙塔里的纯学人》，文章里记录您讲的话，很能传达您的口吻，您坦率地谈了一些人心目中的敏感话题。题目称您是"纯学人"，可算是实至名归，而那象牙塔的修饰语，或许是一个媒体人听完您的故事后的妙手偶得，抑或是一时灵感。如果容许我想一个题目的话，恐怕容易想到的只有"负笈四海"这类俗词儿了。

不知什么时候，"纯学术"不像是什么好词，"纯学人"也就只能待在象牙塔了似的。然而，您那些学术，不是躲在象牙塔里做得出来的，更不是与象牙塔外无关的。您在言说东亚文学，其实也是在言说中国文学；您在言说中国文化的昨天，实际上也是为了言说中国文化的今天。

不止一次听您说过，有些人本来是一心搞学术的，后来看到别的好处，或另有原因，就半心半意了，甚至转身而去。您还谈到过，小南一郎曾经跟您说过，学者就是要专注于学术。您实际上是用几十年的学术实践，树立了自己的真读书人的形象。在各种诱惑、冲击、压力面前，知识分子的道德底线毕竟要自己守护，每个人的行为方式也毕竟由自己决定。一心不乱搞学术，不容易，一心不乱搞您做的那些学问，是不是更不容易？人在江湖，有时候，我们不得不跟着某一种乐曲群舞，能够决定的或许只有我们自己的心境和舞姿。然而，就是这样，我们也还是可以快乐地投入到自己喜欢的学术工作中去的。

您说《比较文学视野中的日本文化——严绍璗海外讲演集》里收入您的讲演文稿，大致可以反映出三十年间您在以"中日文化与文学"为中心的"东亚文化与文学关系"的研究中逐步形成的学术观念和学术立场，"大致可以勾勒出北大一个从事人文学术的教师在数十年间孜孜努力，希望在这个长期被学术界所冷落的领域，能够有所作为，并进而争取与国际学界进行对话的学术发展的轨迹"。这样的轨迹，出在北大，可以由此管窥的却是一个广布北大以外的群体。这是一群当年由开放时代催生的"心比天高"的年轻人。说来司马迁用生命的光焰点燃的那句"通古今之变，成一家之言"，曾经把他们年轻的心照得通亮，而敞开的世界大门，让他们睁开眼睛一看，便选择了自己的命运。他们学的是中国文化，这已经够他们学几辈子的了，但他们好"狂"，他们不光要知道中国，还想知道世界，他们不光要通古今之变，莫非竟然还想通"中外之变"？他们梦想把看到的外边世界，一五一十地讲给自己的同胞兄弟，也把真实的中国告诉身边的异国友人。

他们不止步于"拿来主义"，还想与国外同行当面锣对面鼓，论一论真实的中国文化。就为了这个一生一世自己可能都达不到的目标，他们已过而立之年，还"牙牙学语"；在异国的书城书海里，一杯咖啡、几片面包，死坐不动，不停地抄写，不停地掀起头脑风暴，只因心里坐着个伦敦图书馆抄经的王重民、枯守敦煌石窟的常书鸿；异域大都会的地铁四通八达，而为了多省出一点复印费，他们不在意走破鞋子，晒黑脸子，只因脑子里走着个西行的玄奘、东渡的鉴真；他们在中餐馆里端盘子洗碟子的时候，也会偶尔走神，头脑中跑进了构思着的论文，推敲起明天面对异国民众讲演的洋文。您所说的那个长期被冷落的领域，虽然依旧冷落，但还是拥进来一群人，他们中会出一些真读书人，我们期盼着。

您说，争取与国际学界进行对话："这或许是一种奢望，但我的意愿却是真诚的。"您的这份真诚，中国学人的这份真诚，已有很多国际学界的朋友感受到了。唯有对学术的真诚，对文化的真诚，对对话对象的真诚，才能与真知靠近，才能让对话成为平等交流。与国际学界对话，需要一套不同于关起门来论天下的"话术"，说来道理也简单，知己知彼，话就容易说到点子上。井上哲次郎和永田广志这样的日本哲学界的大家，都把藤原惺窝当作日本儒学的创始人，而您通过对五山汉诗的深度解读，指出从事汉诗创作的五山僧侣们，在接受中国新佛教禅宗的同时，也接受了中国的新儒学，并逐步确立了宋学的地位。[①]
您真诚的态度，有理有据的论述，更新了学界对日本宋学的认识，也打破了对大腕名家定论的迷信。这样的学术对话，会离双赢越走越近。对话有时也不免会吵架，但吵架并不是目的。双赢很难很难，甚至遥不可及。您和那些真正的对话者一直在思考的问题，就是如何让这种文化学术的对话有取得双赢之效的可能性。我们是不甘认输的实践者，不是空谈家，纵然一挫再挫，我们也找不到放弃的理由。

我们见面，次数最多的还是各种会议。有您在场，就像多了习习清风，多了点点细雨。那时您讲话，普通的事情，从您嘴里说出来，便变得有了故事性，大家围着您，咂巴着话里的滋味，而我却喜欢默默地坐在一边，享受着倾听的乐趣。

您讲的不是闲话，也不是"段子"，都是学人、学者、学问的故事。和您在一起的时候，我总是一个心情愉快的倾听者。读您的文章，也好像是在聆听您的倾诉似的。只要您毫无倦意地说，我就期待着新话题。您很善于和各个年龄段的朋友相处，也很擅长处理各种复杂的关系，或许这正是您以真诚待人、阔达宽厚的禀性为基础而造就的才

① 严绍璗、王家骅、马兴国、王晓平、王勇、刘建辉著：《比较文化：中国与日本》，第 56 页。

能。每次我们见面，我都感到很开心，也很轻松，时间过得都很快。

在接受陈洁采访时，您是大实话小爆发。您说："学术智慧是个积累的过程，人文学者需要积累。'疯狂速成'犹如'异想天开'。"您甚至说某处"现在的用人政策既很奇特又很愚蠢，教授的调入以50岁为上限，其实人文学科真正的成果大都是长期积累和思考的结果"。环顾四周，能用这种口气说话的，能见几人？若有人一开口先隐去锋芒，磨去棱角，去找那种于人无伤、于己无损的"话术"，或许会越来越不知道"纯学人"也可以这样说话。纯学人说话，岂能总是雕章琢句，七拐八拐？您的这番话，绝非泛泛空谈。您曾说过，某位教师要调入某校，结果那位老兄没能出生在"正确"的年份。学校上限在45岁的时候，他46岁了，学校上限50岁的时候，他51岁了。当然，可能还有别的原因，总之，那个"身份标签"分量重得很呢。有些怪现状就跟这个"身份标签"挂着钩，让人凭空多增加些烦恼。您给的药方是避开"利益狙击手"，还说"要有多元文化心态"，真是说出了我这个喜欢远远地坐在角落里看人抢"C位"的人的心里话。

人道是"学者如牛毛，成者如麟角"，其实能做一根牛毛也蛮不错的。我们这些从事跨文化、跨学科研究的人，地位本来便有些尴尬。要做不同时空的人们中的探路者、对话者，就不可能只听一方，只看一面，而这一听一看，自然会与很多人看到的不完全相同，就既要通，也要变，通变不当或不时，惹起两头非议的事情就难免发生。您堪称成者，给了我们信心，而身为牛毛，何不心甘情愿地就做那搭桥修路不可缺少的一粒沙、一块石呢？人们会忘记那桥上路上究竟有多少粒沙、多少块石，但总会觉得路在脚下，走得很舒服。那就让手底的文字化沙化石吧。司马迁说过"通古今之变"，而"通中外之变"不也是在铺路架桥？

不止一次听您谈起您的弟子，您对他们每个人的境遇充满关心。由此我对他们中一些人的故事也多少熟悉起来。您希望他们都能尊重学术研究史，确认相互关系材料的原典性，原典材料的确证性，实证材料的二重性与多重性，希望他们都有健全的文化经验。您总是强调，比较文学者的学术准备和比较研究的艰巨性，对一哄而上的所谓"学术热潮"心怀忧虑。您总是说，写完的东西要放一放，"闷一闷"。是的，当一种方法、一种思路成为一种套路的时候，这种学问操作就会变得疲软乏力。

从20世纪90年代起，几次听您谈起您"斗病"的经历。最后一次见面，是在2016年北京语言大学举行的研讨会上，那时您的耳力已不太好，但依然是那样精神矍铄，谈笑风生，所以我错误地以为，我们还会有很多机会，继续讨论"文化能为中日关系做些什么""东亚文学该怎样表述"等各种各样的问题。相信总会有很多时间，听您谈对当下学风、文风和士风的见解，除此之外，我还想到一些小事，比如会有时间来弥补过去做的事情留下的遗憾。《中日古代文学关系史》和《近代中日文学交流史稿》，底稿都有详尽的参考书目，这是作为学术著作不可缺少的，而当时因篇幅的原因被删减了，也算是"历史局限"吧。今天想来，既感到有趣，也总想找个机会纠正一下。

那以后，便是被各种事情追着，2020年以来，行动更为不便，与您见面的机会就更少了。然而，无论如何，也没有想到您走得这么快。我知道，您给自己还留了很多事，上天为什么不多给您一点儿时间呢？

记得1989年底，我曾应邀在九州大学中国研究室里做过一个发言，讲《〈诗经〉中的情歌》。当时，我一走近那间研究室，就被一幅巨大的油画吸引住了，那张油画高足有一米五，只多不少，那是九州大学中国文学研究室的奠基人目加田诚的半身像，慈祥而儒雅。另一次是在茨城基督教大学的时候，当地汉诗朗咏会会长鬼泽霞邀我到他家做客，一进客厅，也看到一个巨大的画框，那是该朗咏会的创始人老鬼泽先生的油画像，庄重而威严。

写过小说的人，总有睹物联想的习惯，那些联想有时真是奇奇怪怪的。不知怎么，这两幅画框里的大画像总在脑子里挥之不去。有时不由得就联想起来，在某处，会不会挂起乐先生、您和其他几位比较文学大先生的大画像呢？我知道这种想法很傻，想想而已，然而这样的画像早就挂在我的心里啦。

苏轼谈到文同（与可）时说："与可之为人也，守道而忘势，行义而忘利，修德而忘名，与为不义，虽禄之千乘不顾也。虽然，未尝有恶于人，人亦莫之恶也。故曰：与可为子张者也。"其《书晁补之所藏与可画竹三首》诗之一："与可画竹时，见竹不见人。岂独不见人，嗒然遗其身。其身与竹化，无穷出清新。庄周世无有，谁知此疑神。"文同（与可）走了，但他一生画竹的精神没有走，他画的竹依然"无穷出清新"。学人不是画家，也不是艺术家，但他可以用他的学术智慧放歌，用他的学术智慧起舞，用他的学术智慧挥毫。他们的著作依然有着自己的生命。您所从事的那些工作的魅力，也引来了越来越多火热的渴望目光。1992 年，您在《汉籍在日本的流布研究》的前言中就曾经指出："中国文献典籍在域外的传播，它本身就构成了中国文献学的一个特殊系统。从本质上讲，它是国内文献学在境外另外一种异质文化背景下的延伸。因此，它的研究既具有了中国文献学的基本内容与特征，又具有了文化比较学的意义与价值。"我这些年痴迷的"跨文化新朴学"，则是想再向前迈上一小步，将域外传播的中国典籍与域外其他民族用汉文撰写的典籍放在一起来研究，您所搜集整理的材料以及所采用的将比较研究与目录学结合的方法，是重要来源与依据。您的那些著述，让我想起文同留给后人的修竹。

古人把写诗入魔之人、之态、之境呼作"诗魔"。唐白居易《醉吟》诗之二："酒狂又引诗魔发，日午悲吟到日西。"宋陈棣《偶书》诗："诗魔大抵解穷人，到得人穷句益新。"日本菅原道真《秋雨》诗："苦情难客梦，闲境并诗魔。"朝鲜李朝的李奎报效仿韩愈《送穷文》撰《驱诗魔文》，说诗魔之来，使自己"不知饥渴之逼体，不觉寒暑之侵肤"[1]。诗魔之生，乃东亚汉诗传统的产物。那么，通变的学问传统，是否也会有"学魔"之生呢？我想是有的。就是现代，在我们熟识的朋友中也不乏其人。通变之学孕育了这样的人，也由这样的人薪火相传。一个扣儿解不开，一个表述不惬意，便寝食难安、失魂落魄，岂不就是与"学魔"约会了？诚然，"学魔"附身也不一定能成为"成者"，更不一定会挣来金光闪闪的"身份标签"，但那种状态是很值得享受的。

严师严兄，您一定还是那样，一心不乱，读您想读的书，写您想写的文章。和您在路上一次一次重逢交结，那路上的跌跌撞撞，踉踉跄跄，那身上的破皮擦伤，暗自神伤，都已变成了永恒的不忘。愿您走好，带着您的书囊。

2022年11月2日

原载于陈戎女主编《当代比较文学》第十一辑，华夏出版社，2003年5月。

---

[1] 〔朝〕徐居正等编：《東文選》，日本學習院東洋文化研究所，1970年，第434页。

致路桥工、育林人和掘进队长阎纯德

——与阎师论国际中国文学研究书

　　小雪已过，岁暮将至，想不到您和李老师还在海南，陷在不知归期的旅途中。千种不适，万般不便，药品带够了没有？求医顺利不顺利？然而不断从报纸上读到您主编的《汉学研究》《女性文学研究》如期出版的消息，知道您仍在不倦而有效地忙碌着。虽不能具体想象在如此多难的条件下，您是怎样做到的，但您那忘我的工作状态，却如在目前。

　　您的日程总是满满的，所以我从来不忍掠夺您的时间，每次联系您，最多也就是写上一两百字的邮件。现在，您该多歇歇了，那就趁着二位老师远在天涯海角，多闲扯几句，您就当看看闲白儿，换换脑子吧。

　　二位老师都是文学探路人，孤勇地探索汉学之路、女性文学研究之路、国际汉语教育之路、中国文学走向世界之路。二位老师都是这些路上的领路人，而我则是这两条路上的追随者。我除了对国际中国文学研究兴趣很大，从1990年开始，就断断续续有些海外汉语教育经历。令我庆幸和自得的是，当年算是跟得早一点，紧一点，才没有落得太远。

1990年12月，我应邀到设在京都岚山的国际日本文化研究中心（简称"日文研"）做客座副教授。这个中心是梅原猛联合日本文化研究的顶级专家共同创立的，旨在打破封闭的日本文化研究和分科过细的学术格局，对日本文化进行跨文化、跨学科的综合研究，同时吸收各国日本文化研究专家，展开国际性的共同研究。这是日本在经济高速增长之后，为了在国际上扩大文化影响、树立文化大国的形象而建立的国际性文化研究机构。当时，基建工程还没有结束，就已经陆续进驻了一些外国专家。来自中国的专家，在我之前已先后来过汪向荣（1920—2006）、卞立强（1932—）、马兴国（1946—2017）三位学者，不过他们都比我年龄大些。日文研希望能找到更多年轻人，我便有幸入选了。

我到日本来，本来是准备一心钻进日本古代文学就不出来的。在福冈大学期间，是跟着藤井茂利先生研读《万叶集》，到日文研也主要是参加主干教授（相当于文学部部长）中西进先生主持的《万叶集》国际研究班的工作，朋友自然也是以从事日本古代文学研究的为多。到了日文研，上班第一天，按照惯例是拜见所长、哲学家梅原猛先生。没想到见面不到几分钟，梅原猛便给我抛出一个问题："你觉得日本人会喜欢李白吗？能读懂李白吗？"

这个问题当然不是纯日本文学问题，与中国文学关系很深。我研究生期间学的是先秦文学，有很深的《诗经》情结。在福冈大学、京都立命馆大学和日文研的图书馆里，看到日本学者研究中国文学的书就不由得停下脚步，"立读"起来。1989 年底，在福冈大学笠征教授的推动下，我在九州大学为九州中国学会做过"《诗经》中的情诗"的讲演，随后又参加了在冲绳的琉球大学举办的九州中国文学学会年会。以后又陆续在京都、东京参加了多次日本中国学会的年会、报告会等，由此与日本中国学界结缘。与九州地区的冈村繁、秋吉久纪夫、町田三郎、合山究、竹村则行、王孝廉，京都的兴膳宏、吉田富夫、笕久美子、笕文生，东京的平山久雄、池田温、池田忠久、家井真，大阪地区的加地伸行、下定雅弘、樽本照雄等，山口的入谷仙介，秋田的石川三佐男等中国文学研究者、中国文学翻译家都曾有过或深或浅的接触，我也曾与《西游记》的首位全译者中野美代子、文字学家白川静等有过书信往来，还与釜谷武志、甲斐胜二、东英寿等青年学者有过短暂的交往，这些人以后都成为学界中坚力量。与金原理、田中隆昭、后藤照雄、辰巳正明、西田祯元、古田岛洋介等从事中日比较文学研究的学者，进行过多次与中国文学有关的对话。

那时就想，回国之后，最好能找到一个梅原猛式的前辈，如果有一个类似日文研的机构，从事将中国文学研究国际化的事业，那一定是一件大乐事。

运气不赖，1992年回国不久，中华书局总编傅璇琮先生就邀请我参加他和中国社会科学院文学研究所周发祥主持的国家社科项目"中国古典文学走向世界"的研究工作，可惜后来由于周发祥先生英年早逝，这个项目不得不终止。也正是在那时，命运安排了我与您相遇。我的愿望就这样以另外一种方式得以实现。

跨文化、跨学科的中国文化、中国文学研究，当时还是一项没有图纸甚至还无处立项的工程。虽说中国没有建立起日文研那样建筑宏伟、设备一流、众家荟萃、直属文部省的高端研究机构，然而一批"心比天高"的读书人，先是凭着《中外文学研究参考》那样薄薄的小书，而后又靠着《汉学研究》《国际汉学》等杂志和《海外中国学丛书》等，结集了队伍，硬是高高站立起来，开创了自己的国际中国学研究。日文研有一幢极具日本特色而又融合异国风格的建筑，专门用于学术交流，有关日本文化研究的国际会议，多在这里举办，它被梅原猛命名为"梦殿"。我们中国学者的"梦殿"正是由学者用自己的刊物和著述一砖一瓦地建造起来的。

我们终于走过了三三两两结伴披荆斩棘的岁月。今天，这项事业正被越来越多的贤达所理解，我们与那些刊物、著述一起成长。

探路需要向导，开路需要旗手。当时最需要的首先就是一个刊物，能够把有志之士聚合起来，让那些幼苗有一块生长的沃土。好！有了！您1993年创办的《中国文化研究》先声夺人，成为最早开路的旗手之一。

路桥工的蓝图

三十年岁月，您从知天命走到花甲，又走到古稀，再走到耄耋，带着病体，您做了许多事情。您的动力哪里来？您的精力哪里来？您内心那无比有力的发动机是什么材料制成的？为什么甘愿做一名路桥工，既当设计师，当工程师，还管着监理？

学人的禀性各异，治学策略也就不同。万紫千红的学问世界，你向哪里走？有些文章你想做，感觉它有价值，但你也知道，它肯定蹭不上热度，进不了焦点，引不来眼球，招不来引用，甚至会惹起非议，那你做不做？我所能做到的是，我也许会去做，因为我的快乐就在那里。与其群奔，更爱独行。然而，我却做不到像您那样，拼足全力，向人们展现那件事情的价值，带着学人们一起"冲破思想的牢笼"，带出一个奔跑者的队伍。所以，您是路桥工，我只能心甘情愿做砖石。

1993年秋出版的创刊特大号《中国文化研究》，您将这本刊物比作"向国内的文化人、外国的汉学家、海外数千万华人、华侨与学子、广大作者和读者"献上的一朵小花:"这小花的出土、成长和开放,不仅需要阳光和雨露,也需要勇气和牺牲。"表示要"努力为中国文化研究和国内外文化教学服务,为海外中文教学服务,为海外华人服务。"

1996年《汉学研究》创刊,《序〈汉学研究〉》说:"从中国流出的文化,汲取了异国文化的智慧,形成既有中国文化的因子,又有外国文化思维的一种文化,这就是汉学。汉学是以中国文化为原料,经过另一种文化精神的智慧加工而成的一种文化。所以,可以说汉学既是外国化了的中国文化,也是中国化了的外国文化;汉学,是中外文化交融的精魂。汉学可以与中国文化相近,也可以与中国文化相距很远。总之,它是一门相当独立的学问,是一个亟待投入人力进行研究与开拓的学科。"

从那时起,一有机会,您就不厌其烦地阐述汉学研究的意义,向读者呈现这一门陌生学问的前景,吸引更多的学人投身这一崭新的事业。第二集《卷前絮语》说《汉学研究》"是一座刚刚搭起的桥",第十七集卷前絮语说:"《汉学研究》仿佛就是一座连接中外的桥梁,我们想让中国文化通过这桥走出去,也让外国的优秀文化沿着这桥走进来。"

在学问之世界,治世界之学问,这就是一个路桥工的蓝图。知彼在前，会通在后，对话重于借鉴。这是我从您的那些文章中获得的感受。从 20 世纪 90 年代中期开始，您就一直致力提升国际汉学研究理论高度，孜孜不倦地撰文辨理。粗粗统计一下，便可以列出这么多：

《汉学和西方汉学研究》（第一集，1996 年）

《关于汉学的命运》（第三集，1999 年）

《我看汉学和汉学研究》（第四集，2000 年）

《比较文化视野里的汉学和汉学研究》（第五集代序，2000 年）

《澳门和中西文化交流及汉学的形成》（第六集，2002 年）

《汉学试论及其他》（第九集代序，2006 年）

《汉学历史与学术形态——列国汉学史书系·序二》（2007 年）

《论汉语教学对汉学的形成与发展的影响》（第十一集，2008 年）

《中国的发展与汉学的未来》（第十二集，2010 年）

《异名共体之汉学与中国学》（第十三集，2011 年）

《学术争论及其他》（钱林森　阎纯德，第十四集，2012 年）

《汉学的演进与中外文化之约》（第十九集，2015 年）

《哭泣的汉学——悼念三位汉学家》（第二十四集，2018 年）

《沉痛悼念汉学家施舟人》（第三十一集，2021年）

《沉痛悼念汉学家汪德迈》（第三十一集，2021年）

这些文章多是您抓住各个阶段研究的焦点问题和热门话题，给出自己的回答，力图从理论和实践两个方向来促进汉学的健康发展。

在这些文章中，您偶尔也会谈到自己与汉学研究结缘的缘起。您说："汉学意识诞生于我主编《中国文学家辞典》前后，尤其是在1993年创办《中国文化研究》的时候，才真正走入这个曾经相当孤独的学术门户。"① 作为一个拓荒者，您眼前是一块一眼看不到地平线的荒原，那里只能在远处影影绰绰看到几位举起镐头的身影，当您决定向这块荒原宣战的时候，是否算计过：您的镐头能撬动多厚的冻土？您的汗水会换来多少收获？"数百年的汉学历史所组成的神秘世界荒凉得无人问津，一片荒置的原野几乎无人开垦，更有人视它为诋毁中国的坏东西。我曾说：'中国文化（国学）有多丰富多辽阔，汉学就有多丰富多辽阔。'我说这话是认真的，不是'诗化'，而是实话，毫不夸张。"② 您义无反顾地走向荒原深处，只因为您相

① 阎纯德：《哭泣的汉学》，载于阎纯德主编：《汉学研究》第二十四集，学苑出版社，2018年，第13页。

② 阎纯德主编：《汉学研究》第二十四集《卷前絮语》，学苑出版社，2018年，第4页。

信："在这个离不开资讯和交流的时代，'会通'成为文化'超圣'的前提之一。文化有了'会通'，才可能真正互补，然后才有真正的跨越。不同民族与国家才可能在多元文化及不同的价值观念上沟通心灵而达至'同归而殊途'。而汉学和汉学研究，是使我们沿着文化走进这个美丽境界的一座桥梁、航船和路标。"

在您第一次向荒原举起镐头的瞬间，您的背后，除了前贤"一事不知，儒者之耻"的教诲，是不是还有中国文化传统给我们的诗人气质？是不是还有法国文化给您的浪漫因子？如果不是，为什么您会如是说：

"它是一方可以自由呼吸的蔚蓝天空，是一间可以聚友博弈、谈天说地的文化沙龙。学者们既可以沐浴中外文化之间的习习春风，也可以检点中国与世界的交往，预测中国与天下的情意。"（第十三集《卷前絮语》）

第四集发表的《我看汉学和汉学研究》说："汉学研究是中国学者对外国汉学家及其研究成果的再研究。这种研究，在中国学术史上几乎近于空白。""汉学是外国文化对中国文化的一种借鉴，汉学研究是对外国文化借鉴的一个方面，21世纪的新汉学，会包蕴更多的当代意识特征，而有别于20世纪以前的旧汉学。"

"'汉学'的诞生，是中外两种文化碰撞的结果，是人类文化史上的盛举,沟通东西方文化与思想的伟大桥梁。汉学之水浩荡至今,已有几百年历史,无论欧美,抑或东亚,地球村里,几乎家家户户都有不断成长的汉学。但是,我们对于这门学问,实在是对它研究得太晚了。……越来越多的教授、专家和博士生、研究生与深谙外语的年轻学者积极参与到汉学(中国学)的研究之中。我们的《汉学研究》和'列国汉学史书系'就是他们可以驰骋的舞台。"①

文学在中国文化中占有特殊的地位,这是毫无疑义的。国际中国文学研究,就是谋求中国文学研究的内外对话。对国外研究成果的翻译、译介、评论,当然会有借鉴,然而,如果我们这些汉学研究的论著不能有相当一批成果成为真正平等对话的一方,那么这种研究依然走不出自我言说的维度。当然,这并不是否定自我言说的作用,而是说我们还应该努力造就一个能够直接与国外中国学界对面论道的队伍,提高与国际学界建立稳定合作机制并开展有效协同研究的水准。一代新学人,在专业研究能力和外语沟通能力等诸方面,都可能大大超越他们的前辈。也许在不久的将来,不仅有中文版的《列国汉学大系》,还会有英文版或别的语种的《列国汉学大系》,不仅有中文版的

---

① 阎纯德:《我的"学术"人生》,载于王晓平主编《国际中国文学研究丛刊》第十集,上海古籍出版社,2021年。

《国际中国文学研究》，也会有英文版或别的语种的《国际中国文学研究》。让我们期待着。

育林人的眼光

异国他乡的日子，打开了我的眼界，也打开了我的心胸，为我的生活找到一种新的打开方式。每次归来后，我就明显感到"时间荒"，因为想做、该做、可做的事情堆在面前，让人跃跃欲试。而您，选择了编书，一项育林人的工作。您想让荒原上披绿，耸立起一片茂密的大森林。

人们常说，编书是为他人作嫁衣裳，不，您不仅仅是作嫁衣裳而已。钱锺书曾经说自己是夏志清的"造成物"，这把编书者推举奖掖的作用说到顶了。如果不是您《中国文化研究》的那个栏目，不是您《汉学研究》上优容了我的那些不那么符合规矩的文章，我或许起码不会写那么多评说日本中国文学研究的文章。

当初，承蒙您的错爱，《中国文化研究》第一期发表了我与中西进先生日语对谈译文《桃夭李笑与汉诗和歌中的花发喻笑——中日诗歌自然意象对谈录》。1994 年秋之卷又发表了《关于〈文心雕龙〉在日本的传播与影响》。从 1994—2004 年的十年间，在《汉学研究》上发表的拙文就有：

《关于〈文心雕龙〉在日本的传播与研究》（第一集，1996年）

《唐代志怪与越南汉文志怪的文学成就》（第二集，1997年）

《中野美代子和她的思索"悦乐之园"》（第三集，1999年）

《先秦诸子的文学观——海外汉学研究述评》（王晓平、周发祥，第三集，1999年）

《越南汉文辞赋述略》（《汉学研究》第四集，2000年）

《日本汉文辞赋述略》（第四集，2000年）

《1995年以来国外中国文学研究概览》（周发祥、王晓平、李聃，第五集，2000年）

《〈神仙传〉与越南范员故事中的超人幻想》（第六集，2002年）

《敦煌愿文与〈日本挽歌〉》（第七集，2002年）

《奸夫盗银故事在日本的衍生》（第七集，2002年）

《"甥舅共盗"故事在朝鲜李朝的变异》（第七集，2002年）

《天人羽衣和七夕传说——敦煌本句道兴〈搜神记〉之一》（第八集，2004年）

《敦煌文学文献与〈万叶集〉汉文考证》（2004年秋之卷）

这些文章，相继成为拙著《智水仁山——中日诗歌自然意象对谈录》《亚洲汉文学》《唐土的种粒——日本传衍的敦煌故事》《远传的衣钵——日本传衍的敦煌文学》等书中的一部分。

不仅如此，2016年您主编的《列国汉学史书系》，收入了夏康达和我著的《二十世纪国外中国文学研究》，这是2000年天津人民出版社出版的同书的再版本。2009年，书系收入了拙著《日本诗经学史》，2019年您主编的《列国汉学史书系》又收入了拙著《日本诗经要籍辑考》。这两本书的出版，得以与中华书局2012年出版的拙著《日本诗经学文献考释》、2021年河北教育出版社出版的拙著《日本诗经学要文校录》以及中华书局2016年出版的《日藏诗经古写本刻本汇编》第一辑十二卷，共同构成一个"日本《诗经》学研究系列"。目前《日藏诗经古写本刻本汇编》第二辑的电子书出版也渐上轨道。通过日本《诗经》学的书林，完成我为古人续命、为今人搭桥的夙愿，这极大的满足，有很大一部分是您给予的。

2019年，您与李老师风尘仆仆，来津参加山东文艺出版社与天津师范大学文学院举行的《中外文学交流志传》丛书启动会，在会上您谈到和我的学缘。您说："我们相识缘于1993年我主编《中国文化研究》和1995年又主编《汉学研究》之时，他是这两个杂志的铁杆作者。当我年近古稀，很想找一个学识深厚的学者来接班。最早，我也曾找过一位，第二位就是晓平教授；但是，书生气输给了'现实'，这一愿望没能实现。"① 几句话勾起我一段回想。1977年，当您已在巴黎出版法文的《鲁迅及其作品》时，我还在风雪国境线二连浩特一间办公室兼宿舍的小房间里，翻着字典读《俄文电讯》，凭着北大东语系编写的超薄日语教材自学日语。幸运的是1978年读研究生的第一年，就买到了您编著的《中国文学家辞典》。虽然就算说《鲁迅全集》是我们共同的文学导师，但从求学经历、学术积累、学界人脉、人格魅力各方面来看，我与"接班"者，可谓弗如远甚；然而，您却寄予厚望，并为我调动多方努力。尽管"接班"成了没有句号的故事，这却足以温暖我许多年，"现实"也扎扎实实给我补了重要一课。

不知多少句甜蜜颂词，才能够抵上一颗心的敬重？敬重有多重？它可以重如泰山。

2014年5月，为京津50余名专家学者参与的"北京语言大学汉学研究学术座谈会"，天津师范大学文学院教授刘顺利提供的是一个不长的发言，题目是《我的芳草地》，文中说：

我的第一篇在国内发表的关于"燕行录"的论文是阎纯德先生提携的结果。我对自己说，这次会议我一定要到

---

① 王晓平主编：《国际中国文学研究丛刊》第八集，上海古籍出版社，2020年，第1页。

北京看看阎先生。来参加会议主要是感恩，感谢阎先生这么多年来对自己的帮助，感谢阎先生这么多年来不辞辛劳地为《汉学研究》奔波劳累。在我看来，《汉学研究》是我国学术大家庭中的一块芳草地。……不光如此，阎先生和吴志良博士主编的"列国汉学书系"第一辑21部著作已经出版，我撰写的《朝鲜半岛汉学史》和《中国与朝鲜五千年交流年历》都荣幸地列入其中。其中的《中国与韩朝五千年交流年历》到今天还在继续编著，因为总是有新资料需要补充进来，我国与韩国、朝鲜的交流还在继续。①

看来像是一次普通的学术会议，刘顺利为什么对自己说"我一定要到北京看看阎先生？"为什么他的发言又如此简短？

原来，他的夫人癌症复发，他正昼夜照料，早已心力交瘁，十分虚弱。这是他一生中最后一次离开家，离开天津，也是他最后一次参加学术活动。从北京归来后不久，他的夫人就不幸去世了，而他在夫人离去不太长的时间，也因过度劳累，抛下他准备精心修改补充的书稿，永远离开了醉心的朝韩汉学研究。

顺利教授是一个埋头做学问的书生，住的是未曾装修

① 阎纯德主编：《汉学研究》第十七集，学苑出版社，2014年12月，第78页。

过的房间，过着十分俭朴而单调的生活，但为了理解朝鲜燕行录描述的行程，却与妻子驱车从天津出发沿着燕行使的往返路线沿途考察，没几年就完成了几大部厚重的专著。他少有应酬，天津也没有什么亲戚，去世以后，周围的某些同事像很快将他淡忘了似的。然而，却有一位远在异地的朋友惦念着他，那就是您。

在他去世之后，您曾多次努力，想再版顺利教授的《半岛唐风》，一次一次打电话，希望能找到一个合适的人完成该书的校稿工作。人与人之间的关系就是这样奇怪，有些时常打头碰脸的人，两心之间相隔万水千山，而另一些说话次数都数得过来的人，心却有比邻之感。如顺利在天有知，一定还想跟您说一声谢谢。

育林人少不得的是热肠，热肠多相伴眼光。学术创新也总是需要眼光的。一个人没有眼光，那可能只是限制这个人发展的事情，但是如果一个群体没有眼光，那就会形成没有眼光的氛围，甚至没有眼光的制度，压制乃至欺凌探路者的事情发生也就不奇怪了。您说："在这个世界上，我与朋友们一起拉着拽着四季的手疲于奔命地寻找，渴望找到文化的栖息之地，在那里建设一个再出发的港湾。"①您有那么多朋友，他们想和您做一样的事情，那拉着拽着

① 阎纯德主编：《汉学研究》总第二十二集，学苑出版社，2017年，第6页。

一起奔跑的感觉，是暗淡日子中的阳光。

《汉学研究》"徜徉于语言和文化的长桥之上""寻找汉学与国学血浓于水的亲情，让中国文化与外国文化站在同一片蓝天下评论古今"①。每年两集的《汉学研究》，每本前面都有您精心撰写的《卷首絮语》，热忱地向读者推荐好文章，也就当时文化思潮中的诸种现象发表见解，对于青年人的文章，充满了育林人对养苗育木的慈爱。絮语不絮，拒绝狭隘的文化观念，和"傲慢与偏见"保持距离，提倡兼收并蓄、平等对话的态度是始终一贯的。那些见解，是为了让汉学研究不飘、不浮、不虚、不陋，真正成为扎实有为的学问，也是为了让一批批的新生力量，更快地走上国际学术的舞台。

钱锺书在为《现代英国名家文选》撰写的序言中谈到过编辑的价值。他说，英法作家们都有个一贯的主张：一个理念之父或观念的发现者，与其说是其创造者，毋宁说是其推广者。因为身为作品推广者的编辑，能够让更多的人分享文学之脍炙，并使艺术之乐趣得以广泛蔓延。钱先生赞同，文学作品的推广者与其创造者应享有同等尊重的资格。《汉学研究》不仅是顺利教授的芳草地，也是我们一天天向上、一天天长高的白桦林。《列国汉学史书系》

---

① 阎纯德主编：《汉学研究》总第十八集，学苑出版社，2015年，第1页。

《汉学研究大系》构建的书城里，还在继续您作为创造者、推广者的业绩。

掘进队长的牛劲

"《汉学研究》是一个广阔的天地，它的建造者孤独而寂寞，是一群文化黑洞里的采矿者。但是，在岁月的隧道里可以感受掘进的愉快和发现的幸福，以及考古学家所拥有的那种在历史土层里发现'文物'和'思想'所获得的无穷诗意。"（第七集《卷前絮语》）

掘进！掘进！我们在远离喧嚣的地下掘进，在昏暗的矿井里掘进。"《汉学研究》自 1996 年诞生以来，就具有一种阳刚之气。但它要生存，以自己执拗的个性和火热的理想，即使沿街乞求，也没有败下阵来。"（第十集《卷前絮语》）贫苦与磨难没有阻止掘进的进度。您是一个好队长。从《汉学研究》第一集开始，一本一本读读就知道，开掘的深度变了，广度也变了。

最初，欧美汉学的特色比较鲜明。第十二集将"亚洲汉学研究"置于前列，其用意在于对亚洲汉学研究的真诚关注。"亚洲汉文学之研究尽管成绩很大，但不少国人的观念，一说及汉学，便会以为其正宗只有欧美。其实亚洲汉学，论其历史渊源，要比欧美深远，而且在相当一个历史阶段，欧美的汉学研究还得借助于日本的汉学与中国学的成就。"

这一年，天津师范大学举办"东亚诗学与文化互读国际学术研讨会——知同、明异、互读、共赏"，您说："令人高兴的是，我发现文化的灵魂正以一种温馨的方式鲜活地延续着。天津师范大学假东亚学者聚会之东风，水到渠成地创立了'天津师范大学国际中国文学研究中心'。这所大学早有一支兵强马壮的学术队伍，成为立足亚洲、兼及欧美汉学研究的学术重镇。"（第十二集《卷前絮语》）天津师范大学国际中国文学研究中心的工作，一直得到您的关注和支持。我们从《汉学研究》的发展也多有借鉴，备受鼓舞。同时，在《汉学研究》得到学界广泛关注之后，看到您为提高稿件质量而依旧呕心沥血，就不由得想跟您说："悠着点儿，悠着点儿。"

我们追随着掘进队长。队长的退休生涯，就是把掘进进行到底。看，这是一位怎样的队长呢？

在第二十四集的《卷前絮语》中您说："聪明的人，不仅要为自己和国家活着，也要为他人及其他国家活着；为他人着想，'后其身而先身，外其身而身存'，只想着'自我'，就会变成诅咒。诚与信，善与真，这既是我们坦坦荡荡做人之本，也是我们的承担和责任。中国人之度量，像平原辽阔，似大山崇高！"您又说："这攀登，不是追逐荣华富贵，不是名利，应该是人生路上留下的价值。人一生的作为，虽然不一定达到'有的人死了，他还活着'那种境界，起码应该创造出足以让人感到赏心悦目的一些风景，才算活得很值！"① 这就是一位学者的人生观。唯此，才能真正懂得"学术乃天下之公器"的真谛。

"无论西方还是东方，文化扭转政治的机遇和空间很小；但是，视文化比天还大的知识者，却永远如此执着地守望着自己的世界观和历史观。作为一种理想和永恒的话题，我们宁肯如此执拗地梦想着和行动着，绝不因善小而不为，只要走出第一步，我们就有勇气和可能迈出第二步。"② 这就是您的文化观。唯此，才会那样不辞辛劳地组稿改稿、不为打包邮寄通信联络的琐细郁闷，不计较讨钱筹款的费心费力和碰壁的懊恼，而令那些为"蝇头微利""蜗角虚名"而机关算尽的人汗颜。

"思想像一匹老马，不肯走进屠宰场，却依然驰骋在如花的草原上，气喘吁吁地跑了千里之遥，发现自己再往前跑就越过了边界，于是回望鲜花、青山、溪水的无限风光，左顾右盼地溜达着，漫说汉学研究。"③ "培根说：在人类历史的长河中，真理像金子，总是沉于河底而很难被

---

① 王晓平主编：《国际中国文学研究丛刊》第八集，上海古籍出版社，2020年，第2页。
② 阎纯德主编：《汉学研究》总第二十一集，学苑出版社，2016年，第2页。
③ 阎纯德主编：《汉学研究》总第二十三集，学苑出版社，2017年，第3页。

人发现；相反，那些轻得像牛粪一样的谬误倒总是漂浮在上面到处泛滥。傲慢与偏见是一对孪生子，它们的存在使文化也感染了傲慢与偏见，这令历史失去公正，使世界难有太平。"[1] 这就是您的学术观。唯此，您才勇敢地对那些一时如洪水一样强大的幼稚说法说"不"，坚持在国际学术交流中保持谦虚、平等、求真的姿态。

"学术的事业是艰辛的，也是幸福的。""我们这个没有牌子的汉学研究所，没有大师，没有专家，没有吹牛，没有取巧，只有不声不响地在这个世纪潮流之中学习弄潮。"（第四集《卷前絮语》）这就是一个真读书人的幸福观。您把爱好当价值，把爱好的满足当快乐。这和年轻人说的"用爱发电"多么接近。因为爱，您就常有年轻人的状态。不计代价的付出，不图名利的奉献，不顾挫败的挣扎，"用爱发电"的您，如同"诗魔""学魔"附体。当年，记得我曾经问过我年近九旬的老师中西进先生，他有什么养生诀窍，他回答我三个字："好奇心。"学人的快乐和幸福，原来常常就在那不声不响的无涯未知世界。爱人的仁者，爱真的善者，笔墨生光，话语滚烫。

从以上摘引的语句里，一股诗人情怀扑面而来。在中国文化熏陶下的我们，似乎天生就有一股诗人气。对我们来说，诗不是天上的月亮，诗不在远方，而在我们身边，

---

[1] 阎纯德主编：《汉学研究》总第二十集，学苑出版社，2016年，第2页。

在我们心上。诗让我们格外渴望自由的呼吸，让我们不屑于沉溺于概念逻辑游戏，而格外喜欢无拘无束的表达，让我们不顾一切束缚扑向朦胧的光明。您是巴黎龙吟诗社副社长，您把诗情带进了您编辑的每一本书，那也是顺理成章的。

读着您的那些话，我突然想起高丽时代文人李奎报仿效韩愈《送穷文》而撰写的《驱诗魔文》，文中历数那些"诗魔附体"者的命运："凭于陈思，凌兄以驰，豆泣釜中，果困于箕。凭于李白，簸作颠狂，捉月而去，江水茫茫。凭于杜甫，狼狈行藏，羁离幽抑，客死耒阳。凭于李贺，诞幻怪奇，才不偶世，夭死其宜。凭于梦得，讥诋权近，偃蹇落拓，卒踬不振。凭于子厚，鼓动祸机，谪柳不返，谁其为悲！"① 那些诗人的很多诗篇早已融入我们的血液，让我们不知不觉沾染了他们的血性、骨气和犟脾气，也使我们不愿随波逐流，甘于听令于命运的指拨，总想从喉咙里发出些自己的声音。李奎报更说他自己为诗魔附体后，"万状崎岖，恍然如忘，戆然如愚，如暗如聩，形执迹拘，不知饥渴之逼体，不觉寒暑之侵肤，婢怠莫诘，奴顽罔图，园翳不篝，屋庸不抶，穷鬼之来，亦汝之呼，傲贵凌富，放与慢俱，言高不逊，面强不愉。"诗魔之外，是不是还有"学魔"？尽管在表现形态上，或许与李奎报

① 〔朝〕徐居正等编《東文選》第二集第五十六卷，日本學習院東洋文化研究所，1960 年，第 433—434 页。

不尽相同，但您将严重的病痛置之度外，毫不计较办刊的艰辛的劲头，怎能不让人想到那徘徊不去的诗魔与学魔！

2021年7月，我到北京参加一个会议，夜间给您打电话，向您约稿，想请您写一写您的学术人生。在电话那头，您讲起了自己的求学经历。虽然我早已过了多泪的年龄，然而，举着电话，内心早已热泪盈眶。原来我们的经历竟然有那么多相似之处：一样的体肤之饿，一样的筋骨之劳，一样的心志之苦。一个月后，您就把《我的"学术"人生》发到我的邮箱。我读着，几次又放下唏嘘，举起又速读如吞。铮铮硬骨，熠熠衷肠，韧性的苦守，刚性的奋争，一个越挫越勇的学术硬汉，就这样平静地述说着自己的故事。这篇文章已刊载在2021年出版的《国际中国文学研究》第十一集上，知网上也可以找到。

那天，我一边读您的文章，脑海里一边回荡起俄语《国际歌》的那一段。现在，越说越收不住了，还是收场吧。想到您的第一外语也是俄语，那就用这一段歌词作结了：

Никто не даст нам избавленья

Ни бог, ни царь и не герой

Добьемся мы освобожденья

Своею собственной рукой.

2022年11月27日　于瀛庐

第二辑　潮音涛声

"日本汉学"的公众面孔

报载，在"世界汉学大会2007"的主题论坛上，俄罗斯汉学家马斯洛夫提出了"民间汉学"的看法。他提醒大家，不要忽视国外越来越普遍的一种有趣的汉文化现象，留意那些在西方国家街头流行起来的小册子，留意生活中越来越多的打着汉文化烙印的东西。马斯洛夫希望能够改变"汉学家写的关于历史、文化的书才是真正汉学"的观念，他说，"民间汉学"的概念也许不恰当，但我们的确需要一种简单化的汉学。专业汉学家不能说："我是伟大的科学家，这不关我的事。"

《中国教育报》上登载的这段话，竟然和我多年对日本中国学的观察结果有不谋而合之处。

我在日本大学任教的前后十余年间，除极特殊的情况，每天必到图书馆"报到"，《读卖新闻》等四种大报必翻，大多数假日也是我在书店里"立读"（站着读书）度过的。目光在字里行间寻找的就是"中国"二字，最吸引我的就是当今的日本学界如何言说中国，他们的言说和中国学界有哪些不同。

日本中国学的公众化倾向

凡是谈中国的书我都翻。我特别注意，除了东方书店、朋友书店、内山书店、中国书店这些专门卖研究中国专著的书店，在那些普通书店，畅销或者常销的都是哪些书，它们怎样影响着现代日本人的中国观的。我发现，人们最欢迎的是那些及时抓住社会关注焦点的书，它们内容广泛涉及中国的政治、经济、文化、生活等。同时，这些书大都写得论题集中，条理分明，言简意赅，好懂好读，编在各类"文库"或者"新书"当中。那种以艰涩、故作高深的、在术语上兜圈子不着边际的书，读者肯定是舍不得掏腰包的，而那些纯考据的或论题分散的论文集，或者本不具备构建体系的条件而大搞体系化的专著，则大都定价高而销量很小。

从纯学术的角度讲，中国学当然只是指那些由研究中国的专家撰写的学术著作。日本也的确有很多这样的学者，他们主张排除现实政治、传媒等因素的影响，进行独立自由的中国研究。然而，即使这样的研究，在选题、方法、表述乃至出版机会等方面，仍不能完全与"公众"二字分开。谈影响当代日本人的中国观的著述，则要远远超出这样的范围。

要讨论日本中国学，单从著者的角度讲，从他们与公众的关系讲，也有这样几个方面：

第一，研究中国学的学者。这些学者，很多人具有较强的公众意识。除了将自己最新研究成果转化为各类"新书"——字数在 10 万字上下、售价在两三千日元的"小本本"，还有的利用面向社会的各种讲坛，就社会关心的问题发表讲演，在公民馆的成人大学、居住区小学、自己的母校，讲述相关问题。已故的青木正儿、吉川幸次郎、奥野信太郎，尚健在的石川忠久、兴膳宏①等人，都是日本中国学界的权威学者，他们都写过不少面向一般读者的学术散文、随笔等。白川静研究的甲骨文、金文不可不谓生僻，但他为一般读者撰写的《汉字》《金文的世界——殷周社会史》等书，都受到欢迎。难能可贵的是，"大家"写的"小书"，不因其小而轻心，无哗众取宠之意，只是实实在在地把问题讲明白。如果与中国的日本学界作一下比较，那么就可以说日本的中国学已将一脚迈进公众圈，而中国的日本学还眷恋着书斋。

第二，研究日本学和比较文学、比较文化的学者。这

① 编者注：石川忠久先生已于 2022 年 7 月 12 日去世，兴膳宏先生已于 2023 年 10 月 16 日去世。

些学者当涉及中日关系的问题时，在听取中国学学者意见的同时，往往更加强调日本的独创性和特殊性，并从日本历史文化的角度来展开对中国相关问题的探讨。比较文化、比较文学以及近年发展起来的比较文明研究，也更多试图从世界眼光来确立中华文化的位置和中日文化的坐标。有些影响中国研究的理论，也是由这些人提出来的。由于中日两国特殊的文化交流关系，我国的研究者不仅可以从中获得中国文物典籍外传的宝贵资料，而且还能了解中国文化的另一种解读方式。

以上两个方面的作者主要提供给公众的，是一个"学问中国"或称"观念中国"，接受者的主体是"求知族"。例如，日本学者梅棹忠夫提出的"中华思想"（简而言之，就是中国人认为自己是世界的中心的思想），反复被各类学者称引，甚至有些人言中国必道"中华思想"，有些人甚至把它视为中国文化最显要的特征加以批评，也有人把它作为"中国威胁论"的依据，只有少数有识者对它提出质疑，如华裔作家陈舜臣。再如，铃木修次提出日本文学"脱政治性"论（即认为中国文学是政治性的，而日本文学是疏离政治的），20世纪80年代以来，为一些中国学者所津津乐道，既曾用作对"突出政治"文艺观的批评武器，也伴随着认为中国传统文学均为"政治至上"文学的曲解。

第三，专业小说、随笔作家、诗人。日本文学自古以来有重写中国文学经典的传统。现代作家创作了众多涉及中国或以中国人为题材的作品，《西游记》《水浒传》《三国演义》等中国经典不断被重译、重写，融进现代日本人的意识，改编为各种现代文艺形式；而随笔作家的中国游记、随笔最迅速地反映着日本人审视中国情感的变迁，还有些诗人（包括俳人、歌人和现代诗诗人）将游走丝路、穿越华夏的感受以歌诗记录下来。他们一方面倾听着"中国学"学者的意见，一方面又具有更充分的个人情感因素，更多涉及对现实中国的看法。他们的笔下也有一个流动的中国，注入各种复杂感情的中国，迅速给各种人群的中国观打上烙印。吉川英治、陈舜臣、司马辽太郎、北方谦三等作家笔下的中国历史人物，以及平山郁夫、手冢治虫等画家描绘的中国和中国人，其影响上至退休的工薪阶层，下至在学的青少年，远远超过了学者翻译的中国原作。

第四，非专业中国文化相关者。由于个人经历、教养、交往等，对中国的某一问题有浓厚兴趣，也撰写各种关于中国问题的专著或小书。他们可能是公司职员、专业主妇或自由撰稿者。他们或从事中国古典的翻译改写（加岛祥造的《加岛祥造以诗来读的汉诗》、新井满的《自由译·老子》、永井辉的《好懂的孟子》），或创作漫画，或对中国政治问题发表看法。他们的译作或著述没有学究调，语言活泼，以普通市民的视角发言，更加简明易懂，销量远远大于学术专著，对公众的影响不可小觑。从对中国前途的预测到怎样买中国股票，从汉字游戏到汉诗鉴赏，这类作者的著述反映形形色色的观念。21世纪最初几年，书店里层出不穷的类似《难缠的中国》之类的书，也多出于这类作者之手。有时，这一类作者的书对现实文化问题的反馈，要比慎重的学者们快得多。他们言说中国的语言，可能是经不起历史检验的一时之语，却也可能是当时最喧哗的众声。

以上两个方面的作者提供给公众的，是一个"文艺中国"或称"乐趣中国"，接受者的主体是"消遣族"。通过这个"文艺中国"，日本人靠本民族作家创造的刘邦、项羽、诸葛亮、杨贵妃等形象去想象古代中国，也靠他们创造的毛泽东、鲁迅等形象去想象现代中国。不论是对中国古代经典的重写，还是描述个人在中国的经历，日本大众的审美趣味总是决定作品面目的核心。

第五，网络媒体工作者。日本现代传媒异常发达，报道迅速，注重时效，焦点集中，随风转舵，对中国的报道往往看似公道客观、八面玲珑，实际上寓倾向性于其中。特别是电视对突发事件、刺激性事件的画面无数次重放，可以在较长时间内为中国形象"定格"，对公众造成巨大的精神震撼，有时甚至足以酿造极端性、爆炸临界性氛围；另外，频频出现在电视节目中的政客、学者关于中国问题的发言，出于"卖点"对事实进行过截割剪裁后的刺激性报道，给观众印象极为强烈，尤其是那些娱乐性的辩论节目，出场者的脱口秀，似与公众情绪环环相扣，又在暗中诱导、试图主宰公众情绪。相反，电视中关于中国文化的声情并茂的介绍（如配有优美音乐和画面的唐诗朗咏），又有单纯文字很难达到的感染力。

这第五方面主要提供公众的，是一个流动的"即时中国"或称"可感中国"，接受者的主体是"信息族"，是进入信息社会的当代最大的群体。在历来号称读书人口众多的日本，也面临着读书人口减少的忧虑，但媒体受众却是无处不在，信息覆盖到哪里，言说中国的声音就响在哪里。日本的受众有随波逐流、鱼贯蜂拥的一面（即所谓"雪崩现象"）；但同时，教育普及和信息多元化的结果，也带来理智、现实的一面。

以上这五类作者的著述相互渗透，接受群体也各自交叉。作者们不停地言说着一个邻国的昨天和今天，尽管对她难说知晓，却让人觉得近在眼前。对我们来说，这五类著述，可以在公众中国学的框架下进行研究，每个方面都有值得开掘的话题。

"小本本"里的"大学问"

我们这里所说的"公众"的主体，早已不是以往一般的印象，在日本高等教育极为普及的今天，他们不是缺乏专业知识的群众，更不是文盲，而是从事各种工作的"社会人"（包括作为"社会人"后备军的大学生和作为"社会人"退场者的老龄化人群）。他们有的可能是在工作或生活中需要和中国、中国人打交道的"中国相关者"，今天，中日各方面交往日益频繁，在日的中国人人数逼进50万，这支"中国相关者"的队伍在不断扩大；也有的并非与中国相关，但身边的中国文化、近邻中国每天发生令人惊异的变化，让他们对中国感兴趣。对于中国学来说，他们是非本专业知识分子。日本各种研究中国学的学者，最多不过千人，而非本专业知识分子的人数，却是它的数十倍。

日本中国学者的公众意识，已经不仅是历来我们所说的"普及"层面，还包括学者研究的社会责任感、使命感，和公众文化同呼吸共命运的自我定位等多方面的内容。在我们身边，"普及"常常被作为一种名义，意味着降低学术要求，落伍于学术前沿，公众也仅仅作为被"普及"被诱导的对象，所以人们一看到"小本本"，似乎马上联想到的是"亚学术"，甚至低水准。而学术的公众意识则意味着学者将自己的最新成果与公众沟通，争取公众的参与，并在与公众的对话过程中磨砺和完善个人的研究。对于个人来说，抱怨读者冷落学术可能于事无补，而积极摸索至少可以多积累些本领，包括用公众可以接受的语言表述的本领。

其实，在专业分工越来越细的情况下，专业和非专业的相对性也越来越突出，我们谁都需要及时了解本人领域之外的新知，也需要各种各样的"小本本"。

日本的公众中国学是公众学术的一部分。印数很小的"大部头"学术著作的出版，需要来自不同方面的出版资助（如文部省、学术振兴会、国际交流基金、社会团体和企业的学术资助机构、大学研究费），而面对非专业知识分子和一般读者的书，则不求官场、职场、人情场，只需要去求市场。除了依赖作者适合于公众的表述形式（如避开烦琐考证和冗长的论述，叙述简洁等），公众长期接受并习惯的编辑方式也起重要的推广作用。各大出版社编辑出版的"文库"着眼于保存学术精品，"新书"则着眼于推出学术新作，两者都盯住非本专业知识分子。它们不求轰动效应，只求常印常卖，是读书界的长流水。像青木正儿、吉川幸次郎等学者虽然去世多年，但他们的"小本本"却因为平凡社的东洋文库而随时有售。日本人喜欢精巧物件的传统，决定了这类书全作小开本；但为了适应老龄读者群的需要，岩波文库也专门推出大字、大开本的岩波新书，是"大本本"，其中也不乏中国学名著。"大本本"也好，"小本本"也好，里面都有"大学问"。

装帧整齐划一的"小本本"和"大本本"，是出版人通过阅读心理分析创造的规范样式。没有规范，读者便形不成习惯；读者形不成习惯，出版便形不成规模。"文库"和"新书"是学人和出版人用规范来应对需要的结果，而日本中国学者只是充分享受了这种结果，来为发展中国学服务。

对于我们来说，确立中国学的公众视角是十分必要的。由日本的中国研究者在学术专著中提出的见解，无疑是我们对话的主要对象，因为它们对后面几种人的著述均有影响。特别是那些对汉学—支那学—中国学各阶段各学派的领军人物，如盐谷温、内藤湖南、川口久雄、白川静等人，他们在学界声誉高，曾获得各类勋章，著述中的观点被广泛引用。我们与他们的对话，应该在了解对方语境的基础上才能有望获得进展。同时，对后面几种人的著述，也不可取无所谓的态度。

为了我们自己的国际中国学

日本人对中国的研究，仅就明治维新以后而言，就经历了以经学为中心的汉学—支那学—中国学这样的几个阶段。尽管许多学者深受西方汉学的影响，在战后学界仍以中国学来称谓这门学问，而不用"汉学"。从根本上说，这种名称的变化，是反映了学术观念和中国观两方面的进步的。今天世界对多民族中国的研究，早已不是相沿已久的"汉学"所能涵盖的，即便对传统中国文化的研究，也在世界性、现代性的前提下期待着突破。当中国学者要研究"世界对中国的研究"，并通过它来与世界学界对话的时候，以"中国学"相称，可能更有利于这门学问的明天。

鉴于世界观察中国目光的新变化，搞好国外研究成果的译介，就是首先应该做好的事情了。不应讳言，我们对这门学问的认识，还有不小的主观性，外边世界变化快，而我们常常还在一些时髦术语或旧手法、旧面孔里打滚爬不出来。

就日本中国学而言，20世纪二三十年代以来，我国学者是做了不少有益工作的，例如本田成的《中国经学史论》，便有江侠庵《经学史论》（1944年，上海商务印书馆）和孙俍工《中国经学史》两种译本。经过一个时期的中断，70年代以后关于日本中国学的研究在新的起点上重上大道。不过，系统的译介工程仍迟迟不见启动。

今天，汉学或者说中国学的兴起，可以说是出于我们与世界对话的强烈愿望，但是，为什么在许多场合，实际上却是自说自话、对而无话呢？在实际生活中，我们要与某人对话，却对某人的话语、习惯、想法很少了解，那么这种对话也很难进行到底。同样，如果我们与对话对象还是陌路人，对于对象国的文化缺乏足够的知识储备，那么也就很难听懂对方的弦外之音，很难从对话中吸取什么。

我们的对话者，无疑也希望从我们的谈话中多多获取，因而不使他们失望，这也是对话能够继续的条件。在国外经常听到一种抱怨，为什么有些中国留学生或学者对自己国家的古老文化表现出淡漠的态度，知道得那么少。这样的疑问出自日本学者之口，特别值得我们深思。鲁迅在《摩罗诗力说》中说："欲扬宗邦之真大，首在审己，亦必知人，比较既周，爰生自觉。"研究日本中国学，既为知人，亦为审己，而审己和知人常常是难以截然分开的。

对话的最快方式，最好是"无翻译交流"，即双方或多方对话者使用同一种语言来进行。无疑，对于中国学来说，首选的语言应该是汉语。然而真正对起话来，这常常不够用。国外学者是用自己的语言来表述中国的，这种语言的转换有时已经带来了思考方式的转换，为了理解对方，我们还应该掌握尽可能多的对话武器。

由中华书局出版的"日本中国学文萃"正是希望为这种对话搭桥铺路。在国内还很难买到日本学术书籍的情况下，选择一批中国学著作翻译出版，就是当务之急；然而，当学术研究的短期行为"走红"，而对学者的终生贡献评价"缺位"的时候，这类翻译又常为学人所轻。实际上，要译好学术名著，绝不是那么简单。它既对专业水准有要求，又对中日文水准有要求，而个人的知识结构又常与所翻译的书有距离，这就不得不勤学多思。参与这套丛书翻译的在日学者，自然纯属个人奉献，国内学者，又都承担着繁重的教学科研任务，不能不忙里偷闲，而在许多大学这还是"白干"，因为不被计入科研成果。作为主编，我深知其中甘苦，同时也对翻译质量有更高的期待。强化学术著述翻译的批评研究，是随之而来的课题。

2005 年以来，由中华书局出版的大型学术丛书"日本中国学文萃"已经刊行了十余种。著者中既有学界的泰斗，也有我熟悉的著名学者。这些书，和整个日本中国学比起来，自然只不过是揭开一角。除去正在翻译的，更多的还是在计划中。两种文化的碰撞或许会擦出意料之外的火花，我寄希望于更多同好的支持和参与，愿这套丛书每年不断有值得再印再读的译本加进来。

原载于《中国教育报》2007 年 6 月 20 日；又收于王晓平著《日本中国学述闻》，中华书局，2008 年。

点击汉文学

　　《亚洲汉文学》是我的一部旧著，今年由天津人民出版社出版了修订版。由于时间紧迫，这次修订，主要是全面核对引文，订正排版中的错误，而一般没有在内容上作修改。然而，现在看来，这一领域研究的意义比初版时更为突出。

　　在亚洲汉文学通史还没有问世之前，《亚洲汉文学》还可以揭开那被学术主流来不及顾及的一隅，把我们带到一个斑斓奇绝的文学世界，让我们诵读到一些似曾相识而不曾谋面的汉诗、汉词、汉随笔、汉小说，较近距离地接触古代东亚文化。书中虽然没有使用"互文性"这个术语，但实际上着重探讨了这些作品与中国文学的互文关系，从这个意义上，也可以说意在丰富中国文学史的周边研究。

眼观四家之学

何为汉文学？简单来说，就是用汉字书写的文学。盘点一下汉文学的家族，今天可以算成四大家：中国一家，日本一家，韩国朝鲜一家，越南一家。从历史上说，还有古琉球国一家，现在是算在日本一家里了。人们习惯把中国以外的汉文学叫作域外汉文学。域外汉文学虽是中国文学的亲戚，却是生在各方，不相往来，姓着各自的姓，过着各家日子。说起来，今天大家的日子过得都有些郁闷。古老的汉文学实际上已经成为一个被遮蔽或淡忘的历史符号。

亚洲汉文学在各家文学史上的作用，却是无可比拟与无可替代的。数百年甚至千年以上的历史文化，是赖汉字记录下来的，那些汉字的写本和印本中，有各民族的沉浮盛衰，也有各民族的喜怒哀乐。对于中国学者来说，你要了解邻国的神话传说吗？你要读懂相邻民族的文化发展轨迹吗？你要摸清那里各个时代的学术思潮和主流意识形态吗？那你就不要绕开那里的汉文典籍，不要绕开汉文学。

汉文学是亚洲学人同读共赏的文学遗产。它的影响不仅在于它拥有汗牛充栋的作品，并通过这些作品将各个历史时期各民族的悲欢离合传于后世，而且以大体相近的文体、文学观念和文学语言形成了一个覆盖广大东亚和南亚地区的、具有地域性的国际性质的文学体系。

一般认为，汉字是表意文字，而日本学者松浦友久却认为，汉字是兼有"表意"和"表音"的"表语"（logogram）文字，因而能够超越时间（历史）、空间（地域）而造成的发音差异和变化，宜于将其意义正确传达下去。汉诗生命力强盛的原因，首先就应该从"语言—文字—诗型"来加以考虑。他还认为，日本人喜欢训读汉诗，还在于它作为"文语自由诗"（"非定型诗"）恰好与和歌、俳谐等日本"定型诗"相辅相成，构成世界文学史上并不多见的"定型诗"与"非定型诗"并行不悖的格局。正因为汉字、汉语的特点，使得今天的我们，经过汉字学习，不仅可以读懂秦汉以前的典籍，而且也可以在一定程度上读懂千年以前的域外汉文学文献。同样，具有较高汉文水准的越南学者，在阅读韩国、日本等国家的汉文学时，也不会遇到太大的困难，这给我们相互理解对方或多方古代文化带来极大便利。

当然，阅读的难易并不仅在于文字，还有文字背后言传不尽的文化内容。在相当长的历史时期内，汉文学反映了各国意识形态的主流，是社会公认的文化价值观的体现，是各个时期文化担当者所必须掌握并首先使用的文学样式，是社会通行观念和作者个性的通用载体。在古代汉文学各家，有不以汉文学为主要写作体裁的作家，但没有毫无汉文学修养而雄踞文坛的作家。从各国对中国文学的选择来看，有相当多的内容是具有共性的，如儒家的"大同"理想和安邦治国的使命感、道家随顺自然的生命观和宇宙想象、佛家的无常观和慈悲观等，成为汉文学相通的内容，而重诗文的文体价值观、重风格韵味的审美意识以及多用典、喜美化、讲声律的语言技巧等，都是可以相互欣赏，很容易沟通和理解的。日本学者河上肇曾经指出，汉字的魅力，是日本人至今还在作汉诗的原因之一。这就是说，社会生活中有汉字文化，那么，汉文学就会找到它的知音，鉴赏汉文学的历史便不会中止。

然而，各家汉文学的魅力，不仅在于它们的"同"，更在于它们的"异"。就文体而言，既有基本相同的汉文体，又有面目不同的各自的"变体汉文"，以及汉文与各民族文字的混合体，文学样式既有共同的古体诗、近体诗、笔记、传奇、志怪、历史演义，甚至笑话，又有中国文体适应本民族文化需要后培育出的体裁。今天域外有些"国文学史"，把汉文学排斥在外，或者轻描淡写，一把拿来西方文学史的套路就对各家"腰斩"一番，实际上很难说是一种完整、科学的文学史观。

东亚文化交流的结晶

汉文学是东亚文化交流的宝贵结晶。日本学者村井章介著《东亚往还》一书，着重指出，从遣唐使的时代起，东亚外交上的共通语言就是汉诗文，在以中国人为中心的人员往来中，公私场合都有很多汉诗文的唱和，异国间人们内心交流得以成为可能的背景，就是诗歌所具有的超越民族、思想差异的世界性。我们还不应忘记，从9世纪到17世纪，这种以汉诗文为中心的交流，使典籍、书法、绘画、体育、文物等多方面物质的交流活动，有了思想和精神的意义。

汉文学在东亚文化交流中的核心地位，还表现在各民族文学家对本民族语言翻译成汉语的渴望和激情上。为了在更大范围内传播本土文化，各国文学家不仅积极寻找将本国文学传向中国的机会，而且努力通过汉译将本国固有文化介绍给中国。韩国《均如传·第八译歌现德分者》说汉诗与韩国乡土歌谣乡歌"同归义海，各得其所"，各有其美，而两者却不能相互欣赏："梁宋珠玑，数托东流之水；秦韩锦绣，希随西传之星。"因而下决心，要把乡歌中的佛教歌谣译为汉诗，让中国人也能读到。均如热切希望中国诗人能够通过自己的汉译乡歌，理解本国独特的文化，让本土文化走出国门。他很早就在做我们现代人想做的工作了。

日本江户时代也出现了将《源氏物语》《太平记》《南总里见八犬传》等改写成汉文小说的尝试。这也是有感于中国小说在日本流布甚广而日本小说却在中国鲜为人知的现实，积极谋求文学交流的平衡和对等的一种努力。菊池三溪《译准绮语》自序中感慨"我邦草纸、物语，《源语》

《势语》《竹取》诸书"传入中国者寥若晨星，因而"抄近古院本小说稗史野乘犹翘翘者，译以汉文，欲令西人食指染鼎吃一胬焉耳"。遗憾的是，当时这些日本小说汉译很可能都没有能传入中国，即使有人读到，也没有引起注意。今天，我们有必要重新评价菊池三溪等汉译者的工作。

尽管如此，对于周边国家文学家寻求对等交流的努力，中国一些开明的学者也曾给予积极的回应。清代嘉庆年间学者翁广平（1760—1843）编撰的《吾妻镜补》，在《艺文志》中著录的主要就是日本的汉文典籍，清末学者俞樾编选的《东瀛诗选》广收日本汉诗，予以简评，又编《东瀛诗纪》介绍日本汉诗人。后来黄遵宪和沈文荧还为石川鸿斋批撰的《本朝轨范》做了联合点评。这些例子，都说明我国学者确有以开放、谦逊、宽容的态度接受域外汉文学的传统。这是汉文学曾经能够在文化交流中发挥作用的一个重要条件。

汉文学在各国吸收西方文化过程中也曾经充当了舟楫和桥梁。朝鲜李朝文人柳梦寅（1559—1623）《於于野谈》对欧洲基督教和利玛窦的事迹与著作给予介绍评述，注意到欧洲人"重朋友之交"，以及欧洲的"士"对自然科学的重视，"多精天文星象"，说利玛窦"周游八万里，留南粤十余年，能致千金尽弃而入中国，尽观圣贤诸子书"。尤为重要的是，柳梦寅看到了一个新的世界："观舆图洋海诸国，中国在东隅一偏，小如掌，我国大如柳叶，西域为天下之中。"日本明治维新前后，许多日本人远游印度和欧美，他们多用汉诗和汉文游记来描述他们的异国体验。读他们的作品，就能切实感受到，汉文学修养实际上是他们接受各种不同文化的重要基础之一。

60年以前，日本成立了国民审议会，对汉字的去留展开谈论，会上有人提出这样的看法，说英文只有26个字母，而汉字却有4万多个字，由于记忆汉字，日本推延了科学发展，导致了战败。听到这种议论，京都大学教授铃木虎雄奋笔疾书，写下了这样一首诗：

> 无能短见恕操觚，标榜文明紫乱朱；
> 限字暴于始皇暴，制言愚驾厉王愚。
> 不知书契垂千载，何止寒暄便匹夫；
> 根本不同休妄断，蟹行记号但音符。

铃木虎雄的这首诗，至今还有启发意义，那就是对汉字不仅应看到在日常生活中的使用，而且还要在正确评价其于文化传承中作用的基础上，处理好它的现代化问题。与60年前相比，今天已经看不到试图以拼音文字取代汉字的决策机构在活动了，但是，英语地位在世界范围内更为强势，汉字文化面临的挑战依然严峻，而铃木虎雄深感义愤的"汉字导致文明落后论"，也很难说寿终正寝了。

域外汉文学颓败的事实随时提醒我们，要将过去的汉文学变成创造新文学、新学术的资源，还须"中国加油"。对古代亚洲汉文学加以研究的根本目的，还是理解历史传统、寻求创造新汉文化的元素。

亚洲汉文学是中国文学研究"分内事"

某些新的学术课题的发展，其前景往往是难以料定的。不过，如果设想一下，亚洲汉文学的研究对于我们的文学研究，到底会带来哪些新鲜的内容，也不是没有意义的。比较文学研究有时要依赖文献学的新发现，所以下面这些方面，实际上是与这两者相关的。

首先，在邻家汉文学中，保存着中国散佚的文学文献。近年来对各家汉文学中保存的敦煌文学文献及其相关文献的研究，证实了这一点。当然，其中也包括文字学、历史学等的材料。来华的使节、留学生、僧侣撰写的汉文游记、笔记，以别样的眼光记录了中国历史的细节。其中朝鲜使节撰写的大量《燕行录》已在韩国整理出版，是研究亚洲文化史的宝贵资料。同时，在这些记述的基础上，学士们还创作了很多以赴华使节经历为题材的汉文小说。

其次，在邻国汉文学中，保存了中国文化与文学域外传播和接受史的丰富材料。在朝鲜汉文小说中，不少作品以中国为舞台，而在日本汉文小说中则不乏根据中国故事"翻案"（即改写为发生在日本的故事），乃至假托中国人写作的作品，这些都直接或间接部分反映了汉文化在周边地区的传播和影响，而在其中的千变万化，则折射出彼此的文化差异。

再次，在汉文学中，保存了各国民族语言文学的中国元素的来源资料，欲对各国文学原始察终，辨同析异，舍此则不免见木不见林。日本明治时代成书的《谈丛》引依田学海的话说："不熟汉文，则国文终不能妙也。顾世之学者，往往陷溺所习，是以笔失精神，文竟归死物。"依田学海的看法很有见地，至于汉文与现代日文的关系，还颇有探讨的余地。各国情况又相距甚远，研究内容和方法都有待于探求。

最后，汉文学本身，就是各国的"国文学"。韩国古典文学名著《东文选》序曰："是则我东方之文，亦非汉唐之文，乃我国之文，宜与历代之文并行于天地间，胡可泯焉而无传？"同样，日本汉文学虽然充满了源于中国文化的用典、戏仿（parody）、拼贴、改写、引用以及其他涉及文化各方面内涵的"前知识"，构成互文性参照，然而也正如王三庆在《日本汉文小说丛刊序》中所说："如果追根究底，这些汉文学作品纵使以中国文学为肌肤，脉络中流动的却是日本人的意识形态和血液，在文化和文学的传承转化当中，曾经以前卫思想，引领一代风骚的姿态，走向未来。"因而，深化汉文学研究，也就可能催生出对该地区文学、文化研究的新成果。

由于很多汉文学作品没有得到印本流传的机会，仅以手稿传留下来，所以至今整理出版的作品仅占很小的比例。中国、日本、越南、韩国陆续对写本汉籍影印出版，如日本出版的《古典研究会丛书》，韩国出版了《笔写本古典小说全集》等，这些影印本与敦煌写本等中国写本一起，构成"汉文写本学"（或称"东亚写本学"）的基本资料。"写本学的宗旨是对体现手稿在其特定时空条件下的内在和外在的全部特征进行最理想、最详尽的描述"，在将中国写本与海外写本充分把握的基础上，运用严格的技术分析方法，将写本作为汉字文化圈各个特定历史时期及其背景的见证物来研究，建立"汉文写本学"以追寻汉文文化的哲理蕴含，我们有很多事情还可以做得更好。

我们与周边各家的关系，是一盘永远下不完的棋，那么我们的互读，也就是一篇永远没有收尾的文章。在堪称交流与对话时代的 21 世纪，国际视野与本土情怀观照之下的汉文学研究，已经上路。今后一定会有更多的学者，关注我们的周边文学，和我们一起来探讨汉文学与其他各种文学走向繁荣的课题。

原载于《中华读书报》2008 年 10 月 18 日；又载于王晓平著《亚洲汉文学》，天津人民出版社，2009 年修订版。

风雅流播海天东

在日本流传至今最古的文章，即《宋书·蛮夷传》所载倭王武（即雄略天皇）致刘宋顺帝的表中，已经出现引用《诗经》的诗句。可以说《诗经》是最早传入日本的典籍之一，它在东瀛传播与接受研究的历史超过了一千五百年。

那么，这一千五百多年中，日本学人是用什么本子来研读《诗经》的？他们从《诗经》中读出了什么？读完以后，他们又做了什么？他们做的这些事情，对日本文学、日本文化起过什么作用吗？二十多年来，这些问题一直在我的脑海中萦绕。《日本诗经学史》就是根据我在寻找答案的过程中所作的札记写成的。

一千五百多年的漫长时间中，日本诵读过《诗经》的学人可谓不计其数，然而，那些在《诗经》学史上留下姓名的人，据不完全统计也就不过百人。日本上代（古代）、中古、中世时代的《诗经》学，是靠世袭的儒者父传子（或养子）、子传孙这样的"单传"延续下来的，到了江户时代，寺子屋、学塾等民间儒学也发挥过传播《诗经》学的作用，直到近现代《诗经》才进入面向公众的现代学塾的殿堂。在这漫长的发展过程中，日本学人积累了丰富的研究成果。这些成果产生于与中国不同的文化背景中，也就形成了诸多特色。

日本学者中，有的不仅在《诗经》中找到了阅读的乐趣，而且还重新发现了自己生存的意义。在"脱亚入欧"狂潮汹涌的时代，竹添光鸿闭门完成了旧经学的集大成之著《毛诗会笺》；在日本侵华战争期间，目加田诚感到"自己什么也做不成"，把研究《诗经》作为"最愿意做的事情"，写出了研究《诗经》的专著；在举国为好车好房不分早晚地赚钱的20世纪五六十年代，境武男在远离东京的秋田县办起了《诗经学》杂志，独自撰稿、亲自编辑，坚持了七年之久。与此同时，白川静则在京都立命馆大学刻版油印了自己的《诗经》专著，在因受到学潮冲击大学停课的背景下，他研究室的灯光仍然亮到深夜……

在我撰写《日本诗经学史》的时候，不能不把目光集中在这些因《诗经》而焕发活力的人们身上。

他们读了什么

今天研究《诗经》学史，保存在日本的《诗经》文献是首先必须搞清楚的题目。直到日本室町时期，日本汉籍古写本的主流都是唐代以及秉承唐风的系统。就《诗经》来说，就是唐代的《毛诗郑笺》和《毛诗正义》。保存至今的唐人旧抄本为数很少，犹如凤毛麟角。奈良、平安、镰仓、室町时期转写的一些写本则依稀可窥唐写本之片影残形，有些本子在一定程度上能够借以弥补当今我国散佚不存的本子的缺憾，或者在某一方面可以提供推想唐本原貌的信息。

在我国《毛诗正义》被用于科举后，其余六朝至唐代

《诗经名物图解》

的《毛诗》研究的写本便因无人问津而湮没。除了唐石经，只有敦煌和日本所藏《诗经》躲过了历史尘世的风火，向我们传达着那荒远时代学人吟味古雅诗篇的叹息和思绪。

他们是怎么读的？

尚无自己文字的日本人，面对中国浩瀚的典籍，犹如站在平地仰望高山，但是，他们怀抱着一步登峰的勇气，试图最快接近顶峰。阅读经籍最快捷的办法是直接阅读，即不改变原文的现状、绕开全文翻译的曲径。日本人阅读经籍，不仅要解决扩充语汇的问题，而且必须突破文法语序的屏障和困扰。他们用自己的智慧，找到了一套化解矛盾的办法，就是保留汉语言词汇而套用本国语言的独特手法，这便是所谓的"训读"，而在书本上用各种符号将训读方法标注出来，这也称为"训点"。

今存日藏《诗经》古写本以及传到日本的宋元印本，大都附有训点。其中最珍贵的是奈良、平安时代以来博士家代代相传的所谓"家点"。训点从日语来说是当时口头语、书面语的应用文，不仅是当时讲学活动的结晶，而且也是考察古代语言文化最基本的材料之一。这些训点，包括受到中国影响而在文字四角标注四声的做法，与敦煌写本如出一辙，其研究价值正有待开掘。

清代和民国时期的中国学者，虽然热心从日本寻找中国散佚典籍，但是对于那些附在正文周围的假名和各种符号，一律采取无视的态度，理由是那些是日本人的事，与中国人无关。历来翻刻或影印的日本典籍也多将标注芟削，所以我们看到的这些本子，实际上已非原貌，而其学术价值也就打了些折扣。一方面，这种做法依然是从纯国学的立场来看待域外汉籍，虽然从保存资料的角度把视野外扩到了域外，但从观念上还没有达到一国之精神遗产可以为他国所再创造、再发现的高度，另一方面也是因为对于那些校注、标抹、句读等，还没有来得及认真研究。其实那些训点本身是一门从属于日本古代语言文字学的学问，不是一下子就能摸透的。今天，我们完全可以从跨文化的立场，来对日藏《诗经》写本来展开研究。这是因为日本人对《诗经》写本的解读，本身便是一种国际文化现象。

他们读出了什么？

创立古学派的伊藤仁斋（1627—1705）与创立古文辞派的荻生徂徕（1666—1728）都是《诗经》热忱的研究者，同时又是积极提倡切实把《诗经》当作诗歌来读的学者。他们对于诗歌本质及功效的认识，虽不能说已经彻底冲决了道学家诗论的藩篱，但与朱子学派已大相径庭。他们不再大谈"诗言志"之类的老话，而是摘出《庄子》里面"诗以道人情"一语来概括三百篇的主旨。伊藤仁斋多

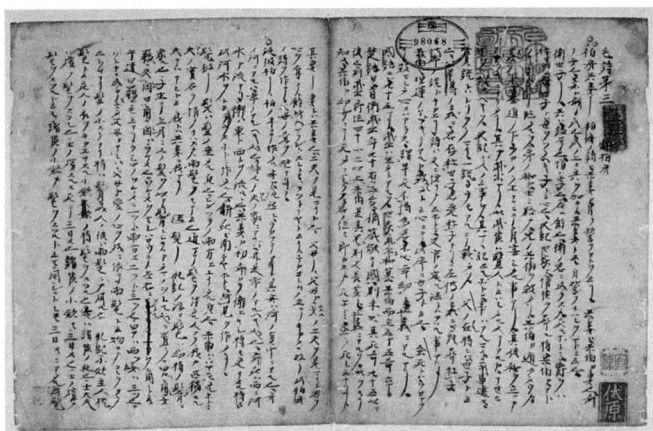

清家文库藏《诗经抄》

次提到《诗经》，为他提倡唐诗、标举意兴、扬俗抑雅的主张作证据。这与后来读本作家曲亭马琴不赞成用雅文作小说，而强调不用俗语便不能曲尽人情的主张，在精神上完全一致。

白川静对《诗经》研究中的历史学方法与民俗学方法做了深入研讨，把它们看作必要的辅助科学，认为这种研究至今都没有达到期待的状态，即西周、春秋时期的社会史的研究自不必说，就是所传历史事实本身也仍然有许多没有充分整理，而有关中国古代生活习俗的民俗学研究几乎处于不足为据的状态，这方面的研究或许要在诗的构思、表达的民俗学研究的基础上，以诗篇作为中心的资料来考虑完成其体系，而这种研究的最终目的就是要把诗篇作为文学来理解。

在《诗经》精神的感召下，日本学人把《诗经》的诗句编成诗谜，改写成和歌、俳句，甚至剧本，这些都是我关注的"读了《诗经》以后做了什么"的要点。

他们为什么这样读？

日本学人面对从中国传入的《诗经》文本，一方面竭力按照中国学者的阐释去接近诗人的本意，一方面又在以自己的方式去阅读文本，从自己的角度质询文本，并以自己的方式通过诗篇提出问题来发现与自己有关的东西。从这个角度讲，一部日本《诗经》学史，其中很大一部分，就是日本人用自己的文化来解读《诗经》的历史。

外来文化和本土文化的共存和互动，贯穿了依照文献撰写的日本文化史。《诗经》作为中国文化经典的一部分，对于古代日本学人来说，既是文化道德的教材，又是学诗习文的范本。

在诗歌领域，从奈良、平安时代以来，就形成了汉诗、和歌各擅其场的格局。汉诗庄而和歌艳，世俗恋情更多以和歌来表现，因而后世强调日本文化特殊性的学者，多把对恋情的肯定看作和歌的亮点。以此为要点，他们或者以《国风》的情诗为据，突出恋歌的普世意义，或者以朱熹等人的"淫诗"说为反衬，来张扬日本文化的特质和优越性。

中世纪的市井俗谣也可以从三百篇中有里巷讴谣的说法中找到现实意义，编出《闲吟集》这样的集子，以充当"拟似《诗经》"。江户时代，汉学向民间扩散，而中期以降町人对金钱和一时享乐的渴望，构成市井文学的主潮，尽管幕府将朱子学尊为官方学术，也无法阻止文艺上对浮世荣华的讴歌和世道虚无的慨叹。在这种情况下，朱熹关于"淫诗"的说教和劝善惩恶的戒律被放了一边。伊藤仁斋等人倡导的"诗主情性说"，太宰春台等人对劝善惩恶诗说的抨击，都不能不从町人世界观、价值观的蔓延来解释。连嫖客与妓女打情骂俏的色情诗吟，都可以借用传统模式，编成《唐训诂江户风》这样的戏作，那些关于后妃和贞操的说解，就不仅被看成是一种过度阐释，而且完全成了无益的废话。这种荒唐现象的出现不妨看作日本町人文化对经学的嘲讽。

近代日本学术中的国粹主义继承了本居宣长以来的暗中吸收儒学而公开对儒教大加排斥的传统，在方法上全面向西方学术靠拢。葛兰言的《诗经》研究著述被译成日语以后，与折口信夫等人的日本民俗学结合起来，形成了文化人类学《诗经》阐释的一派。他们把《诗经》看成宗教诗，看作用于祭礼、祭祀仪式的诗篇，从人与神的关系来解读"兴"的形成和本质。

在近百年的中日文化关系之中，有相当长的时间，两国学界处于不能正常交流的局面，当两国学者努力携起手来的时候，也还需要加深了解。对于中国学者来说，认识日本学人在不同语境中研读《诗经》的情况是十分必要的。只有充分理解日本《诗经》学发展的语境，才会摆脱单纯"借鉴"的思路，对异国学术成果给予恰当、合理的评价。

原载于 2009 年 8 月 5 日《中华读书报》；又见于王晓平著《日本诗经学史》，学苑出版社，2009 年。

日本诗话：转世与复活

　　20世纪后半叶，随着日本最后的汉诗人离世，汉诗写作愈来愈淡出一般民众的生活，研读与汉诗传播密切相关的诗话，也变成了少数学者孤寂枯燥的奢侈之举。时至今日，日本的诗话研究，即使不能说正在急速滑向绝学，也可以说不过是边边角角传来的私语独白，只靠三三五五学者的苦苦支撑。很少有人会想到，历史上有多少文学家

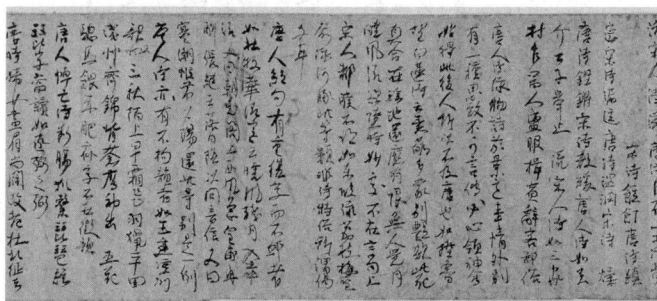

日本平林文库藏《诗话外诗话》

曾那样醉心于汉诗创作，更有那么多学人撰写了多达三位数的诗话。

诗话研究与文化移植

由于日本汉诗与汉文诗话使用的是汉语，今天中国学者也能大体读懂这些作品，这就给我们研究造成了很大便利。然而，这也很容易冲淡我们面对它们所必须具有的跨文化意识。日本汉诗之源在中国古典诗歌，但两者并不能画以等号。日本汉诗诞生本身，是一种文化移植的产物，而诗话之生，则是中国诗话传播与日本汉诗发展需要的碰撞结果。日本诗话是日本化的诗话，也就是说，它并不是中国诗话的原版复制，而更像是中国诗话的脱胎转世。只

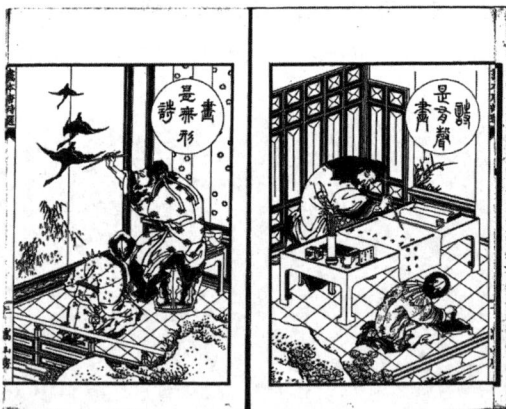

江户时代著名画家葛饰北斋绘本《唐诗选画本》

有将日本汉文诗话放在日本文学整体中来观察，才可能充分认识日本汉文诗话的文化价值。

如果说人们学习某种外语，意味着向那种文化脱帽的话，再要用那种语言创作文学作品，即所谓"实作"，那就可以说是向那种文化深深鞠躬了吧。日本已故著名汉学家松浦友久在谈到日本汉诗与中国诗歌的关系时说，这种"实作"，不是指单单小试一下，作为友好手段写一点，而是运用其语言与样式去表达自身文学性的感动。他说："即便承认这一与外国语言、风土隔绝的环境中成长的难以动摇的前提，通过这种'实作'来表达自我，也不能不说是源于对于对象的、无上的共鸣与执着。奈良时代的所谓汉诗文，正是这种特殊条件下的文学，进一步说，它不是某个人、某个群体个别的例外尝试，而是由各时代卓越的头脑进行的有组织的长期努力，仅此一点，便具有更为深刻的意义。"

松浦友久在这里指出，日本汉诗诞生的前提，是源于日本诗人对于中国诗歌"无上的共鸣与执着"，同时，只有尽可能全面移植中国文化，才可能出现这样一种并非个人或某一群体的一时性单纯友好手段的诗体，一种历经千年以上历代卓越头脑创造的诗体。

单纯的汉语学习，并非一定走向汉诗文创作，只有对中国传统文化有了比较充分的理解才可能掌握其技巧与技能，进一步说，这些作品也只有在与中国有较多相似点的文化价值体系、文化氛围中才可能获得广泛传播与认可，因而，对中国文化的全面移植是汉诗文在日本生根的前提。而奈良、平安时代正好具备这样的条件，在以后的江户时代这种条件再次复苏，于是才可能有汉诗文在日本长达一千多年的历史。明治维新之后，这种条件一天天瓦解，汉诗文也就逐渐走向了衰落。在汉诗成为日本全民族认同的文学样式的过程中，包括诗话在内的诗歌批评著述也就获得了流布的机会，日本诗话的出现也就成为必然。

以异国语言、异国文学样式从事创作，虽然以文化移植为前提，但这种移植毕竟不可能是全面的、对等的、均衡的、永恒的，由于移植的碎片化、断续性与不可避免的走形失真，中国诗歌并没有全部为日本诗界所接纳。日本汉诗与中国诗歌，既有语言文字之通，又有脱胎换骨之变，而日本诗话与中国诗话也就各领风骚、自属一家了。

禅僧虎关师炼所撰《济北诗话》首次以诗话为名，被尊为日本诗话之首。在其之前就问世的空海《文镜秘府论》、《江谈抄》第四、五卷，《作文大体》《童蒙颂韵》等，或摘录中国诗论，或摘句举篇以品诗，或研讨诗韵。它们成书于欧阳修《六一诗话》之前，却也大体可充诗话之职。这些言诗之书，或收录了我国散佚的诗学资料，或收录中国诗论而略述己见，或摘句举篇以论佳句，或讲述诗人故事而谈诗艺，似可称为"前诗话"。

江户时代之前，诗话之著寥寥可数，而进入江户时

日本首部以诗话名之著述《济北诗话》的作者

虎关师炼（1278—1346）

代，诗话便接踵而出，占迄今所存诗话之绝大部分，这正与江户时代汉诗走向鼎盛有关。江户汉文诗话中不乏有识之见，如江户时代古贺侗庵所著《侗庵非诗话》，罗列上百种传入日本的中国诗话，历数"诗话十五病"，有理有据，堪称诗话评论之翘楚。明治时期汉诗由盛而衰，而诗话之著锐减，至于近代，特别是汉文诗话几乎绝迹，那些名之以"诗话"的著述与传统诗话专注于汉诗颇不相同。如富士川英郎的《西东诗话》，谈论的是李白与德国近代诗、唐诗的德译、里尔克与日本这样跨文化的题目。竹内实《中国吃茶诗话》专讲茶与诗的因缘，河井醉茗著《醉茗诗话》则谈的是日本现代诗歌与诗集。诗话之核已变，而诗话之名尚在，这说明诗话这种闲谈式的说诗体裁依旧不

名曰"蔓华诗话"的日本酒

失其用。"话"来轻松，听来入耳，诗酒常不相离，所以有一种酒的牌子，就叫"蔓华诗话"。

从跨文化的角度看，日本诗话还有不同于中国诗话的价值。它首先就是日本汉诗兴衰的晴雨表。细川十洲《梧园诗话》对历朝诗风的概括既简且明："本邦古诗，如《怀风藻》所载，气象敦厚敦朴，有西土（指中国——笔者注）汉魏六朝之风。及白诗传于我，则上下靡然以此为宗，不独菅家也。北条氏时，禅僧与西土人相往来，而五山之僧好诵《联珠诗格》《律髓》《三体诗》，是以诗有宋元之风。迨德川氏之世，名儒辈出，模仿唐诗，不无可观。而萱园诸子又尚李、王之风，陈陈相因，人渐厌之，宋诗之风渐盛，新奇可喜，其弊近俗。近日又好清诗，变为绮靡，要非大雅，洵可叹也。"诗风之转换期，多以诗话标榜其说，斥非纠谬，排击异说，辩驳互攻，各家好恶在诗话中多有体现，而诗人的从众心理在里面也有强烈反映。

明治期间，西方诗歌诗论传入日本，从比较之视角来论诗论文化之言说渐增。日柳燕石《柳东轩诗话》说："西土以诗赋取人，故学诗用全力于辞章，与本邦人出于游戏之余者不同也。然本邦前辈文字巧妙不让于西人，往往在焉。"又说："汉土之学问，其弊则浮华。西洋之理精，其弊则拘泥。要之，不及本邦之简易矣。"这些议论不免有以偏概全之嫌，不过比较而言，日本汉诗这一烂熟了的日本化汉唐旧声，也确有厚实薄虚、尚简厌繁、质多华少的

明治时代《开化新题咄表诗话》二编

阪口五峰编著《北越诗话》

审美趋向。

日本诗话是诗界万象之储存器。江户时代的诗话，或如江村北海之《日本诗史》纵论诗史，或以江户为中心，俯瞰全国诗坛，或如广濑青村《摄西六家诗评》聚焦某一地区的名家，收佳句，记趣闻，载轶事，全面展示了汉诗在一个时代空前绝后的盛况。葛西因是在为《五山堂诗话》撰写的序言中说："话诗赋者，诗人乐事也。话也者，非论、非议、非辨、非弹也，平常说话也。有是话而人闻之、喜之、快之、笑之、记之、忘之，一任旁人所取，是话者之心也。"诗话不是西方文学概念中纯粹的批评形式，一部好诗话，就是一座诗讲坛，讲诗不离事，说事不离人。江户诗话里面讲述的诗故事，让我们接触到数以百计的对中国诗歌"无上的共鸣与执着"的实例。

日本诗话是中国诗话的折射镜。日本诗话之撰，以中国诗话之东渐为前提，多以接续、传承中国某一诗话而将其本土化为己任。《六一诗话》《沧浪诗话》《随园诗话》等影响尤为显著。石川清之曾将《沧浪诗话》《谈艺录》《艺圃撷余》合刻，在跋中称"有于徂徕先生处请益于诗者，必称之以为侯的"。宋代遗民蔡正孙所撰《联珠诗格》经山本北山等人之鼓吹，大行于世，遂有释教有之《续联珠诗格》与东条琴台、东条士阶之《新联珠诗格》等日本续书问世。明治时代籾山衣洲撰《明治诗话》例言明确说明该书"粗仿《全唐诗话》"。正是清郑方坤所撰《全闽

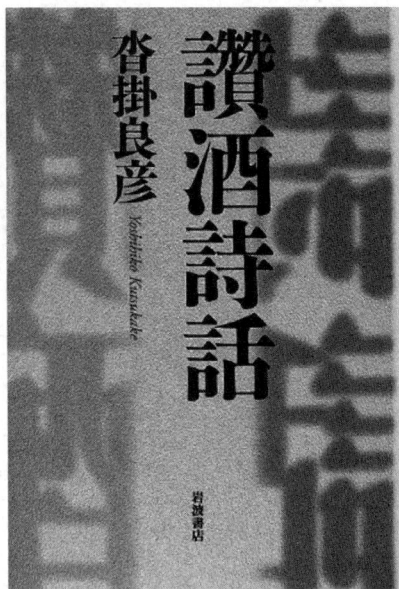

当代诗歌评论家沓挂良彦著《赞酒诗话》

诗话》，激励阪口五峰写出为新潟诗人立传立言的皇皇巨
著《北越诗话》。

日本诗话是日本探诗者的指南车。不少诗话是为初学
诗者撰写的，或是传授诗艺的记录。或许在理论创新方面
乏善可陈，但在实用性方面却有撰写者的良苦用心。对于
不会操汉语的日本诗人来说，掌握诗韵、诗病之说的困难
远远大于中国诗人，因而对这方面的知识便格外在意，也
正因为如此，在保留相关资料方面往往可以为中国诗话
拾遗补缺。天仁二年（1109）三善为康所作《童蒙颂韵》，

平声每韵四字为句，以便暗诵，以令易记忆。句中文字取义相近者，又有成义理者，体仿《千字文》。有些诗话看来不过是兔园册子，对于了解日本的汉诗教育却不无裨益。

日本诗话是诗性思维在日的培养基。作诗评诗，绝不是单纯的技法问题，培养作为认识世界手法的诗歌思维是一个长期积累的过程。今天的中国人作古典诗，绕不过对名篇名句多多记诵，养成一种诗性的眼光来品味生活，才谈得上用此种形式去表达生活。对于外国人来说，如果是止于阅读，那么接近诗性思维可能还比较表层，而不断亲自"实作"，则需要对中国语言、文化的精微部分有更近距离的接触。市河宽斋《诗烬》批评日本诗人生造出"含杯"一语，认为"杯可衔而不可含""杯岂人腹中所能容耶"，认为这样的诗语是"倭人之陋"，就是一例。

从语言形态来说，日本诗话可以分为：（一）用汉文或变体汉文写的汉文诗话；（二）用日文写的日文诗话。两相比较，前者与中国诗学的影响更为密切，后者更多涉及和歌等中日诗学比较方面的内容。前者对于后者的影响超过后者对前者的影响。前者的预想读者是有汉诗修养的学人，后者的预想读者则包括了爱诗却未必精于诗且不谙汉文的公众。

日本诗话研究三十年拐点

日本诗话之结集成书，以池田四郎次郎为首功。池田四郎次郎（1864—1933，名胤，号芦洲）少壮得日人所著诗话数种，嗜读之，深喜其所论切实有益于诗者。始有网罗搜集以成丛书之志，于是每阅坊肆，觏辄购之，或就藏书之家借抄之，得数十种，编为《日本诗话丛书》（以下简称《丛书》）十卷。自《丛书》问世以后，日本诗歌研究者无不以此为据来讨论诗话，距今近一个世纪。

然而，《丛书》也有收录不备的问题。池田深知："然好书之漏于兹者，尚不为鲜。自今更搜罗，作续编、续续编，庶几乎于诗学有一助焉。"不过他和以后的日本学者终究没有把续编、续续编拿出来。1994年张寅彭编校《诗话》出版，船津富彦撰写的序言，谈到从虎关师炼到德川时代的诗话，"仅直接以'诗话'题名的作品就有六十余种。此外，不名'诗话'的诗话之作尚有一个不小的数目。这一势头虽在明治、大正、昭和的时代更迭过程中趋向于削弱，但仍被承继下来，著述者、刊行者绵绵不断"。

我国学者对日本诗话的研究，以前只能仰仗《丛书》收录的文本。蔡镇楚教授主编的《域外诗话珍本丛书》二十册、马歌东主编《日本诗话二十种》（上下）、孙立著《日本诗话中的中国诗学研究》、谭雯著《日本诗话的中国情结》、祁晓明著《江户时期的日本诗话》等，他们依据的主要材料，大都不出《丛书》所收范围。在日本，随着汉诗创造的衰歇和汉文化的边缘化，诗话研究更为落寞。20世纪除了松下忠《江户时代的诗风诗论——明清诗论及其摄取》（1972年作者因此书获学士院恩赐赏）和船津富彦的一些有关中国文学论的著述中有零星涉及，专门研究极为罕见。至于《丛书》未收录的那些诗话，更散落各处，基本属于少有人问津的死材料。

《丛书》收书仅61种，而2019年中华书局出版的赵季、叶言材、刘畅辑校的《日本汉文诗话集成》（以下简称《集成》）辑录达139种，并附录诗语、诗韵类书13种，其中对汉文诗话72种进行了校勘，不论从数量上还是质量上，均远超《丛书》，使那些深埋书堆、无人问津的死材料复活起来，为丰富汉文化整体研究做出了贡献。

诚如日本二松学舍大学教授石川忠久所说："日本的文化基础是汉文。"《集成》收录的汉文诗话再一次证实了汉文化在日本文化形成过程中的基础作用。今后利用《集成》展开多学科研究，才能使这些死而复生的材料焕发活力。《集成》问世，是我国对日本诗话研究处于拐点的标志，我们的日本诗话研究由此可以进入一个独立掌握资料、独自提出问题的新阶段。

从文献学研究来说，日本诗话中"待考"之处成把成捆，我们可以在校勘、考据方面有所推进。日本诗话中保存着一些我国散佚的诗歌资料与诗话文献，如空海《文镜

马克思主义经济学家河上肇晚年所著《闲人诗话》

秘府论》保存我国久佚的中唐以前的论述声韵及诗文作法和理论的大量文献，市河宽斋所撰《全唐诗逸》也很早就引起我国诗歌研究者的关注。

对于一些历史上影响较大的日本诗话，有必要进行深度整理。例如《江谈抄》卷四46则载"以佛神通争酌尽，历僧祇劫欲朝宗。此句'酌'字'夕'作甚大书之，朝宗为对之也。寂心上人见之感叹，颇有妒气"。文中"甚"，《类聚》本作"基"。《江谈抄》岩波书店校注本据醍醐寺藏《水言抄》作"甚"，是。文中提到的"寂心上人"是平安时期诗人庆滋保胤的法名。《朗咏注》中的一段话，有助于对此条的理解："'酌'，为'朝'对，用此字样。讲时，保胤入道在座，见此后被陈曰：'依如是，不去文场也。见此句作，骨心有攀援，且为菩提之妨'云云。"保胤入道，即庆滋保胤。上述文字，涉及日本俗字与诗歌对句的几方面知识。

日本俗字"勺"旁可作"夕"，"酌"为"酌"的俗字。"酌"之作"酌"，正如"杓"之作"杓"。"酌尽"，即"酌尽"。上引一条，说将"朝宗"的"朝"（cháo）读作"朝暮"的"朝"（zhāo），"酌"字中的"夕"旁故意写得特别大，是因为"夕"与下句中的"朝"相对，以此来满足诗歌对对句的要求。在书写中对"夕"字的特殊

明治作家小泉八云所著《妖魔诗话》

处理，正起特别提示的作用。这种不用全字，而以字的部分来构成对句的方式，纯属游戏，是不符合对句规范的，因而受到庆滋保胤的批评。

日本诗话的周边研究，放开眼界，会有创获。在诗话之外，试策评语、诗集序跋、随笔、书信等汉文文献，也都反映着日本人的汉诗批评观念，可与诗话相互映照。如《朝野群载》卷十三所载《辨申文章博士大江朝臣匡衡、愁申学生同时栋、省试所献诗、病累瑕瑾状》其一《病累》运用唐代的《诗髓脑》、《文笔式》（我国均散佚）等对诗中之病累予以分析，其一则指出诗句之瑕疵，其二则指出诗句的用典、对句、练字等的瑕疵。

另外，日本汉诗人还仿杜甫《戏为六绝句》写过不少论诗诗。如赖山阳《山阳遗稿》诗卷二《论诗绝句》："评姿群睹宋元肤，论味争收中晚腴。断粉零香合时嗜，问君何苦学韩苏。"散见于各种诗集中的汉诗点评也颇有可观。如明治时代檀栾诗社所编诗集中便收录了森槐南、永阪石棣这样的评语，如森槐南评永井荷风的父亲来青散人的诗："来青散人如飞瀑万仞，不择地流；如百草作花，艳夺桃李；如海山出云，时有可采；如神女散发，时时弄珠。"这种诗意盎然的评说，完全不同于西方诗论家的表述方式，是中国诗人评诗传统的回声。在汉文笔记小说中，也有一些值得重视的论诗故事。

中日诗话互动研究，双向着力，就有发现。从奈良时代至明治时代，汉诗先后作为君臣之间、臣僚之间、僧侣之间、儒官以及诗社同好之间的一种高雅文化游戏盛行于世，和歌则主要作为男女之间、歌友之间的日常文化游戏。两者在审美情趣、审美习惯上颇有异同。

雨森芳洲《橘窗茶话》说："或曰：学诗者须要多看诗话，熟味而深思之可也。此则古今人所说，不必觊缕。但我人则又欲多闻簪缨家之论歌也。余以为此乃明理之言，大有益于造语者，然非粗心人所能知也。盖诗者情也。说情至于妙极人丸、赤人、少陵、谪仙，同一途也。彼以汉言，此以倭语。邈如风马牛不相及，故不知者以为二端，感之甚也。"主张日本诗人不仅要好好读诗话，还应该多读名家对和歌的论说，因为日本奈良时代的《万叶集》歌人柿本人麻吕（人丸）、山部赤人和唐代诗人杜甫、李白，看起来没有什么关系，各以不同的语言写诗，但实质上在以诗言情方面是没有什么两样的。这是江户时代一种通行的看法，即汉诗与和歌是同趣同理的。

或许正是由日本汉诗这种文化游戏的属性所决定，从被模仿的广度、频度与深度来说，元白体式最为适合其需要，总体上说对于日本汉诗中的影响，没有中国诗人能够比得上白居易。如果不是从统计学上说，而是从阅读感受上来说，超过半数的汉诗更接近于白诗那种明白晓畅、贴近日常生活感受、对自然风物多采用白描手法的风格，而激越的怒吼、愤怒的控诉、奇幻瑰丽的想象、生僻的用典

近藤元粹校订的《司马温公诗话》

和深刻的哲理等最多只能偶然见到。

日本诗话多为谈诗录，最大量的内容，是讲述如何作诗的技术性指导，而较少对诗歌思想性的批评与论断；较多对佳句妙语的赞许，而少有对全诗整体与结构的分析；对历代中国诗人的接受与评价也多集中在数目有限的一批诗人身上，众多的中国诗人在日本诗话中缺席。日本诗话中讲述的诗故事告诉我们，日本汉诗就像《庄子》所说的"不龟手之药"，各色日本人所用大有不同：皇室贵族以之发风花雪月之叹，禅僧以之寄无常之想，武士以之壮杀伐之威，志士以之祈尊王攘夷之愿，侵略者以之载略地屠城之功，这些都是研究日本诗史、日本文学史不宜遗漏的材料。

1995 年，笔者在《诗话理论意义的国际性》一文中谈道："我们对异域诗话的研究，首先要注意吸取各该国学者多年潜心研究的成果，虚心领会其中各该国诗人诗论家的审美趣味，将这种研究作为现代文学交流的环节来看待；同时，我们对这些异域诗话的理解也会有益于研究的深入。"在日本汉文诗话整理出版之后，我们还期盼日本的日文诗话能够早日翻译集成。除了希望这些被遗忘的碎片重见天日，我们更向往让汉字文化圈各国创造的汉语诗歌，能够重新回到我们的视野，复苏当年诗人咏诗的愉悦，化为我们认识中国诗歌、了解周边文化的窗口和镜像。

原载于《中华读书报》2015 年 2 月 4 日。

东亚汉文写本的文化密码

　　大唐求学的新异、航海梯山的心惊，都已被海风吹散，随遣唐使归船抵岸的留学生和留学僧们，迫不及待地摊开书本，在海滩上晾晒起来。唯有一位僧人，敞开衣襟，面迎海风，说："我也来晒一晒经典之奥义。"众人全都耻笑，说他是在讲鬼话。而在面临归国考核的时候，这位僧人却"升座敷演，辞义峻远，音词雅丽。论虽蜂起，应对如流"。这是日本汉诗集《怀风藻》中描绘僧智藏的一幕。

　　作为最早研究中国文化的日本学者，僧智藏在吴越之间学习佛教和儒家经典期间，因其学业颖秀竟遭同学嫉恨，当觉察到危险后便披发装疯、奔荡道路，"密写三藏要义"藏于木筒，背负身上。这藏在木筒里的，便是手书纸质文献，即写本。而那些乘船归国的日本留学生在海滩上晾晒的也是写本。

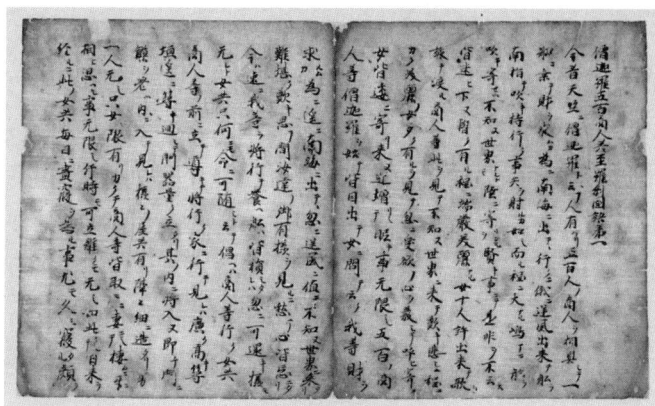

《今昔物语集》写本

在印刷术普及前，中国经历了一个漫长的写本时代。隋唐文化在周边国家的广泛传播，主要是通过写本展开的。在漫长的文化之旅中，各族学人将自己的历史、风俗、理念，用手书汉文文献的方式定格下来，传给后人。敦煌石窟堪称汉文古写本第一宝库，而第二宝库，就在周边各国。

由于古写本在朝鲜半岛和日本列岛文化建设中的巨大贡献，以及该地区中国文化传承的世袭体系与贵族化教育格局，它们一直受到学人的珍视，以至于一些在我国早已散佚的文献，也赖世代相传的古写本而在这些地区保存至今，被视为国宝。

日本江户时代的山井鼎等学者，用保存在日本的古写本对中国经典进行校勘，该成果曾为阮元等校勘《十三经注疏》所利用。林述斋、松崎慊堂、近藤重藏、森立之等都曾从彰显日本文化传统的视角出发，发掘与宣扬日藏汉文古写本的特有价值。以后，杨守敬、罗振玉、王国维、张元济等中国学者都为让这些有裨于中国文化研究的写本回归故里而广搜博采。然而，脆弱的写本经不起岁月的侵蚀，古老的中国文献与现代日本学术分手日久，许多珍贵的汉文写本至今仍孤寂地沉睡于故纸堆中。在这些写本中，有难以辨识的中国草书，也有日本人创造的各种只在圈子内流通而难以理解的符号。许多中国学者早已耳闻这些写本的学术价值，却因看不到、用不上而无奈地望洋兴叹。

　　20世纪以来，敦煌写本研究兴起，这对于东亚汉文写本研究具有划时代的意义。写本的文化价值得到有力的证实，与写本相关的文字学，特别是俗字学成果为识读日本汉文写本提供了钥匙，而写本在东亚文化传播中的作用也更为凸显。日本的神田喜一郎、长泽规矩也、阿部隆一、川口久雄等学者将敦煌学与日本古写本研究结合起来，各大学的中国出土资料学会、中国出土文献研究会、中国出土文物研究会、吐鲁番出土文物研究会等学术机构聚合了一批有志于敦煌写本研究的学人，与我国的《诗经》学会、唐代文学会、敦煌学会等互通互动。敦煌写本与日本汉文古写本研究形成了"照花前后镜，花面交相映"的效果。日本汉文古写本的文化密码，由于敦煌写本研究的照射，似乎变得不那么难以理解了。

诚然，日本汉文古写本的解读，还须站在两大巨人的肩膀上才会更加有效：一是中国文献学，特别是敦煌写本文献学；二是日本文献学。时至今日，一些日本学者仍将中国文化研究视为日本文化建设相当重要的组成部分，并始终将日本文化探源溯流的热情投射于对中国文化典籍的考据与中日文化关系的探寻之中，进而也就必然投射到古老的汉文写本研究之中。例如后藤昭雄、黑田彰等对中国散佚文献《孝子传》《千字文注》等详加考索，梳理出遣唐使以来通过写本传递的文化信息。在重假名、轻汉文的空气日益浓厚的日本"国文学"研究界，他们倍显孤寂却仍坚持不懈。学者冈村繁退休时制订了校勘《毛诗正义》的计划，将利用日本古写本作为重要手段，珍视日本自平安时代流传至今的多种白居易诗歌写本，并用此校订《白氏文集》。在他离世前一天，还在染翰操纸，潜心写作，其学术生涯与生命的列车，几乎同时抵达终点。

较之欧美的中国文化研究，我国周边各国具有更悠久的历史与学术积累。从写本时代历经刻本时代、机器印刷时代，到今天的互联网时代，中国文化的传播与研究依然具有很强的继承性，中国文化与本土文化的相关性深刻影响着今天人们对现代中国的接受。因而，明智的学人总会悉心在两种文化之间寻求契合、融通的可能性。他们的研究思路，与当下流行的将本土文化研究同域外文化研究一刀两断的硬性切割模式明显不同。

对于屏气凝神用毛笔书写的人，心志都在随笔画起舞，一点一笔，都不过是身心运动的轨迹。有汉字书法作为前驱，日本的假名、韩国的汉文以及越南的字喃，也都用毛笔书写，并孕育出各自特色的书法艺术。有些古写本本身便是精美的书法作品，也有一些出自汉学水准不高的僧侣或学人之手，俗字满纸，误书叠出。这就需要今天的解读者对这些跨文化汉文古写本做较长期的专门研究，才能真正破解其全部文化密码。

值得庆幸的是，自20世纪80年代以来，我国学者已对日藏《文馆词林》《文选集注》《冥报记》《游仙窟》《文镜秘府论》《篆隶万象名义》和《佛教音义》等我国散佚文献的写本进行了整理，将对这些书籍的研究大大向前推进了一步。写本中承载着中日两国古代文字学、语言学、书法史、教育史、学术史、文化交流史的丰富资料，需要打破壁垒，多学科协同研究。

不同文化互鉴互通的事业拒绝狭隘的文化心理。选择共同感兴趣的中国古代文化问题，中外学者展开合作研究，无疑是海外中国学研究的题中之义。东亚汉文写本的研究，涉及汉文化圈各国的学术资源，有效的国际合作是成功的必要条件。对于写本研究来说，中国学者在汉文化整体视野、"小学"功力与汉学研究环境等方面享有优势，而域外学者着手更早，已经积累了一定的经验，有更多机会接触第一手文献，两者共同浇灌，就可能培育出新的学术之花。

　　僧智藏的故事启示后人，中国文化是伴随不同文化的碰撞与会通而走向周边各国的，绝非独往独来的巡游。近年来，日本各大学及图书馆，陆续将一些珍藏的汉文写本数字化，使之成为可以随时阅览欣赏的网上读物。今天的文化经典再也不是藏在木筒里的秘宝了，加强对其文化密码的解读，或许世界上将有更多的人重新审视汉文书写的历史贡献。而只有通过切实的解读，才有可能对这些古写本的真正价值作出既不放大，也不微缩的科学评价。

　　　　　原载于 2015 年 4 月 1 日《中国社会科学报》。

中日文学经典的越境之旅

日本人古无文字，他们的阅读史是从学习汉字开始的，从那时不久就创造了一种叫作"训读"的办法，也就是看着中国字，读着日本音；读着中国文，念着日本语法，这样在心里将汉文颠三倒四，就读懂了意思。这实际上是一种在形式上对原文"零变动"的翻译。中国的文学经典，就是经过了这样的翻译过程，越境进入了日本文化。论起中国文学经典的域外传播史和翻译史，就不能不谈到日本人的这种"训读"，因为从中国文学经典走向世界的历史步伐来看，日本人的"训读"翻译可谓历史悠久，气象万千。

"训读"与"汉俳"的交响

中国的文学经典越境之后，变化的当然不仅是读音和

王晓平著《中日文学经典的传播与翻译》

念法，经过形形色色的翻译和重写，原文的模样有时就变得让我们认不出来了，各种各样的"变体"不但改变了经典的面孔（语言形态），而且其精神内涵也应需而变。翻译和改写为这些经典注入了另一种生命，连文字也不动的"训读"，可以看作原作的"分身"；将它们按照自己的理解大段插进日本诗歌、故事中的，可以看成是原作的"影子"；还有给它们改名换姓、换一换背景就讲成日本故事的"翻案"，这可算是原作的"化身"了。至于那些冠以中国文学经典之名而作品中的人物只不过是穿着汉服唐装的日本人的所谓《三国志》《新三国志》《水浒传》之类的，有些算得上是中国的"远亲"，有些甚至就只能算是"李鬼"了。正是通过这些"分身""影子""化身"和"远亲"，中国文学经典曾经影响过很多日本人的精神生活。从《论语》到《西游记》，中国文学经典不断被翻来覆去地重写，它们的"变体"在很大程度上为日本人心目中的中国想象和中国人形象打上了底色。

反过来看，日本的文学经典最晚从我国明代便有了翻译的历史，虽然数目不多，但中国特色已颇为浓厚。今天，《万叶集》《今昔物语集》《源氏物语》等日本文学经典都有了好几种译本。这么短的时间就出现这样多的重译本，在世界上恐怕也不多见。中国人还品味日本人的俳句与和歌，用汉文创造了"汉俳"与"汉歌"。不过，不论是汉俳也好，汉歌也好，也都具有鲜明的中国文学特色，也可以说是日本文学经典越境后的"变体"。中国的日本文学经典也已形成了尊重原著、尊重中日文化交流的历史、尊重既往研究成果、尊重中国文化传统的鲜明特色。

如果我们将这样两种"变体"放在一起来看，将会看到一种什么样的风景？也就是说看一看中国的文学经典在日本是怎样被翻译、被传播的，再看一看中国人是怎样通过翻译来接受日本的文学经典的，这样两头看，在中日两国文学和文化领域会不会有一些新的发现呢？历来这两边是各有人看的，《中日文学经典的传播与翻译》一书想做的却是将它们放到一起来看。作者一边看着两边，一边思考中国文学经典的对外传播问题，也在思考外国文学作品的汉译问题，越思考越感到，看起来属于两个学科的问题，实际上却不能割裂开来。我们让"他俩"分手太久了，两件事可能各有人做，但我们的研究却需要让"他俩"拉起手来，因为这样才能将两件事做得更精彩。

"训读"是一种看不出翻译痕迹的翻译，这恰是一个象征。中日文化，看似相近的部分，却是那样的不同。共有的汉字，常常让我们看花了眼。两国的翻译是在共有汉字基础上的一种翻译，这看起来与一般所说的翻译有所不同。因为对汉字的理解不同出现的误译误解，常常使读者挠头，学者叹息。文学经典的翻译和传播与民族关系、社会文化思潮、翻译环境与翻译思想、传播的技术手段等多方面因素有关系，这些都值得充分研究，而译作和翻译者却是其中最值得研究的内容。

中国文学在日本的变体

有识者思考外国文学经典的时候，总是会把它们和本土文学的命运联系在一起。明治年间的一夜西风，吹旺了日本称霸亚洲的军国梦，也吹倒了千年以来苦心建造的汉学体系。经书被打捆当废纸卖，废除汉字的呼声不绝于耳，学人言必称《圣经》、《浮士德》、但丁、莎士比亚，而中国文学经典第一次被扔进字纸篓里。在那时，有一位青年学者田冈岭云撰文说："以《圣经》为世界唯一之经典，此非西欧基督教国民之迷执欤？既言莎士比亚、但丁，言歌德，而东洋诗人果无一人可与比肩欤？《诗》三百篇之简远，《楚辞》之悲惋，若长卿词赋之瑰丽，若李白之飘逸，杜甫之沉痛，若《西厢》之灵笔，《琵琶》之数奇，一笔抹杀，谓之到底不足追逐此等西洋之四人乎？国异则好尚自异，彼此则趣味不同则有之，而以趣味之异以此得谓不能胜于彼，可乎？"田冈岭云之所以这样说，是因为当时那些藐视中国文学经典的人，在西方文学面前也把本国经典看矮半截，更忘记了中国文学经典的因子也有些早已融入日本文学之中了。

近代以来的很多日本学者在摸索日本文学的复兴之路的时候，从中国文学经典找到了日本文学缺失的东西。明治后期戏剧改革倡导者池田大伍曾试图从元曲的"一人主唱"启示中找回东方歌剧的魅力。已故文字学家白川静对汉字与《诗经》的热忱，实际上就是对日本文化源泉的热忱。他曾说日本的侵华战争是世界战争史上没有先例的愚蠢战争。他说，所谓的大东亚战争，是由对中国历史文化毫无理解的军部毫无道理地进行的。要教战争史的话，首先就要教日本军部的独裁史。他不满于日本战后教育把汉文作为旧弊加以轻视，认为这样做失去了教人做人的重要教材，那种认为汉字妨碍教育、削弱人的思考力与创造力的看法是极其错误的。他为日本汉字文化与古典教育的现状深感忧虑，因为他认为，废弃古典，源泉就会枯竭，没有源，就没有流。

在中国文学经典声誉确立之后，林林总总的人们便拉他作大旗来说自己想说的话。增野德民把主张尊王攘夷与攻占大陆的吉田松阴比作屈原，于是明治维新中那些失意落败的官僚竟然都以屈原自诩，而最早的中国文学史家则用一个"情"字来檃栝屈原之所作。学者青木正儿说过，想着别人醉心于西方近代文艺为之哭泣、为之欢笑之时，自己却翻阅着《离骚》，闻着两千年以前的霉味，"很是有趣"，在内心呐喊着："虫蛀也好，发霉也好，《离骚》还是《离骚》，真正文艺，伟大的思想，本没有什么新旧之分。"对"现代文明病"皱眉头的文人，端起陶渊明的酒杯，浇自家块垒；幻想着王维的画境，享内心一刻之安宁。在这些译者、研究者、作家、诗人、读者的心目中，有的是不同于中国文士心目中的别种形象的屈原、陶渊明、王维。杜甫、李白、白居易、苏轼、文天祥、高启这些中国人熟悉的名字，在日本文学史上获得了别样的解读。《中日文学经典的传播与翻译》试图将这些问题向读者提起，展现中国文学在日本被接受、被重写、被误读的全貌。

觊觎中国大陆的人，也有人打起过中国文学经典的旗号。《水浒传》的译者之一的伊藤银月曾将《水浒传》说成是"膨胀性"的日本为吞并世界第三步、第四步而了解

"支那"的必读书。在日本侵华战争期间，军国主义者也曾提倡朗咏汉诗来鼓舞士气。对中国文学的解读和重写，常常打着日本文化深深的印记。为什么吉川幸次郎说日本对《论语》的接受总带有指向严格主义的所谓"日本式歪曲"？为什么在中国散佚的书《游仙窟》在奈良时代却至少享有"准经典"的地位？中国文学经典在日本的传播有哪些特点？想来在思考这些问题时，也会对中国文学经典在其他国家的翻译传播研究有所启发。

《中日文学经典的传播与翻译》关注自古以来草根的文学经典印象，写到了江户时代通俗诗歌"川柳"中描写的读《论语》偷懒的孩子，写到那些流行于京都、大阪为妇女、孩子阅读而编写的漫画《孟子》，写到了在电影、电视上由女性来扮演玄奘三藏的《西游记》，写到了文库本、随笔、手机在文学经典传播中的作用。

著名评论家加藤周一曾经说，对于日本人来说，《论语》早已不是共通的古典了。近代日本文化有点怪、有点蹊跷的事情，就是被奉为古典的《论语》的缺失。实际上，一个伟大的民族，没有共享的经典，那么她的信仰、凝聚力、文明高度就会暴露出诸多问题；同时，一个伟大的民族，更需要属于她的思想文化巨人，需要文化巨匠和思想的代言人。文化巨匠和共通的经典，实际上是紧密相连的。将过去的一切清洗掉，或归为一律，哪会有什么知识巨人？而将异彩纷呈的思想僵化成条条框框，那过往的古典也就逃脱不了被遗忘的命运。

如果说一国的文学经典在另外一国不断被翻译、被重写和被传播，就是它完成了一次越境之旅的话，那么那些译本、重写本和传衍本，再回到它的源泉国，获得评价与研究，就可以说是另一种文化越境之旅。在这样的往复过程中，就会诞生出很多与经典相关的新面孔。《中日文学经典的传播与翻译》是一个窗口，作者希望通过这个独特的窗口，窥察中日两国文化交往与疏离的历程。本书搁笔之际，联想到近代以来中日两国面对传统文化的种种困惑，联想到耳闻目睹的形形色色的文化乱象，突然感到，书已够长了，而想说的话却像刚刚起头似的。

原载于《中国社会科学报》2015 年 6 月 24 日第五版。

文化交流"殊声而合响"

　　狭隘的文化心理，是指对他人文化过度嫌恶、漠视、抵触、抗拒和排斥的心理。新世纪以来，日本某些媒体反复渲染的"嫌中感"（讨厌中国）、"嫌韩感"（讨厌韩国），就是一种比较典型的狭隘文化心理。在对待本土文化上，表现为对非本地域、民族、文化体系的斥拒上，而对本土文化的虚无主义态度，实质上也是一种狭隘，因为它亦是见人不见己的褊狭心理。不论是过去的欧洲中心主义，还是当今的美国中心主义，还是别的什么中心主义，都是一种狭隘文化心理的产物。在某些国家或地区一个时期时隐时现的"以洋为尊""唯洋是瞻"的思潮，虽然各有其形成背景、历史作用和民族特色，但说到底，不过是这种"西式狭隘"的部分复制而已。

　　中国文化包容的品格，中国学人的胸怀和气度，是在数千年民族文化交流与融合历史中造就的。在多民族融合与共存的漫长历史中，中华文化融合了各种民族共同生活的智慧。中华文化对周边国家的辐射力和影响力，并不是通过武力征伐实现的。各国在吸收汉字的同时，也迈出了汉文化再创造的脚步，并使汉文化成为自身文化肌体中不可分割的一部分。柔韧丰灵的中国文化在传播到域外之后，就地生根、借枝着花，显示出极大的适应、再生、再创造能力。现在，这些来自域外的文化遗产，又正在成为中国学术反观本体、重建文化记忆的宝贵资源。凝聚各国各民族创造力的汉文化，只有在知同、明异、互读、共赏的过程中，才能更多地为新文化的创造提供历史借鉴。

丝绸之路不仅是物的交流之路，也是人的交往之路，是文化互动之路。中国历史上，涌现出许多有志于文化交流的仁人志士。梁启超在《翻译文学与佛典》一文中说："我国人之西行求法，非如基督教徒之礼耶路撒冷，回教徒之礼麦加，纯出于迷信的参拜也。其动机出于学问——盖不满于西域间接的佛学，不满于一家口说的佛学。譬犹导河必于昆仑，观水必穷溟澥。非自进以探索兹学之发源地而不止也。余尝搜讨群籍，得晋唐间留学印度百八十余人。其目的大抵同一。质言之，则对于教理之渴慕追求——对于经典求完求真之念，热烈腾涌。故虽以当时极艰窘之西域交通，而数百年中，前仆后继，游学接踵。"六度远涉沧波，备尝艰辛，双目失明，终于到达日本完成传戒弘法使命的鉴真，则是丝绸之路东路上的又一文化巨人。他们均以纯挚严正的言行泽被中外，垂范后人。以追求本真、本源为特征的玄奘精神，和追求信仰、文化共享为特征的鉴真精神，是中国文化拿来和奉献并行不悖的象征。

一手拿来，一手奉献，是源远流长的中国文化复兴的法宝。"大道之行也，天下为公"，从民心不通，到民心相通，需要在交往中求通，在交锋中求进，在交融中互补，在交流中出彩。在文化互读中磨砺与世界对话的智慧，需要官方、民间、媒体和学界共同努力。在中华学术之苑，少数民族文化研究之花、域外文化研究之花，与汉文化研究之花本在同一片沃土上开放，在同一片天空下呼吸，天然地相互补强，相生相倚。

历史上的丝绸之路传播了中国制造，也使中国人文精神获得了流布的机缘。中国人在与世界做生意，也在和世界通文化。通过向世界学习和与世界的对话，中国文化将获得前所未有的视野与创新资源。与历代学人相比，今天的中国学人不仅可以利用传统学术的积淀，也有可能将更多外来的文化资源收入囊中，并将学术成果贡献给更广大的公众。

兼备国际境界与中国风骨的中国学术，较之自说自话的研究更具有未来性，也更可能真正为世界所共享。就像网络是今日学术必须直面的问题一样，国际性亦是学术必须面对的问题。西方学术具有强势的影响力，但在各种文化得到健康发展的环境下，国际性就不再等同于西方化了。在越来越多的国家与我们命运相关的时候，超越"先进"与"落后"、西方与东方这种二元对立思维，对各大文化圈的国别文化分别展开深度研究，就成为学界责无旁贷的使命，而公众也早已不再满足对各种文化的碎片化、标签化、浅表化的认知，希望尽快分享说得透、听得懂、用得上的最新研究成果。

马克思在《政治经济学批判（1857—1858年手稿）》中曾深刻论述了人的依赖关系的局限性，以商品货币关系为纽带联系的全球化趋势，即人的普遍联系，需要的多样性，即"普遍的社会物质交换，全面的关系，多方面的需要以及全面的能力的体系"，论述了在此基础上的独立性的问题。狭隘文化心理与国际性、全球性的现实与经济趋势不相适应，两不相容。

这种心理，在不同场合表现各异：或对别种文化漠视与抵触，或对其做粗浅模仿、盲目照搬，或对其采取居高临下的态度，或对其做过低评价，或不敢正视不同文化间的冲突，或面临交流窘境时冲动与浮躁、急躁与焦躁，或对异说歧见做出过激反应，等等。这种心理，不仅在国门初开时不"缺货"，在交流遇到挫折、其效未显，对对方文化知解度不见提升而文化交锋却日渐加剧的时候，狭隘的文化心理便容易滋长。就是在文化复兴、蓬勃向上的时候，也会找人附身。所谓狭隘的文化心理，在特定历史时期，或许还会有正面作用，但在今天，如果超过了一个"度"，就不仅不适应各民族文化互通互鉴的需要，也会拉中国文化走向世界的后腿。

借用《文心雕龙》的话说，世界各民族多彩的文化正"殊声而合响，异翮而同飞"。民心互通是永恒的事业。不同文化之间，最需要的是平等对话和足够的耐心。在双方均持狭隘文化心理的人们之间，沟通是难有成效的；"以狭隘对狭隘"，只能掘深鸿沟。文化交流虽然对加深理解、化解矛盾，缓解冲突，推进双方创新有推动作用，却非短时奏效之功，对陌生文化的深度认知，更须铢积寸累，薪火相传。

同时，狭隘的文化心理往往由本土文化缺乏与其他民族文化沟通的本领导致的。对本民族文化与他民族文化保持旺盛的好奇心和求知欲，是克服狭隘的文化心理的最好办法。学会怎样与世界通文化，学会用中国话语向世界发声，也学会用国际话语讲中国故事，都意味着须在做强本土文化与读懂他乡文化两方面着力。

拒绝狭隘的文化心理，就是要清醒、理性地看待现阶段文化实力对比，有效处理文化间的矛盾。在民间交往中，讲究对话艺术，切忌以己度人，强加于人；在用汉语教育、讲说中国故事的时候，学会用对方听得进去的表述展开互动；在展开学术交流时，力争做到听得进、讲得准、入得心。展开共同研究，或会取得更佳效果。在高等教育中，探索培养精通"内篇""外篇"兼通人才的途径，外语教育不仅关注"瘦身"，更要倾力文化"健身"，造就更多熟悉多元文化、各门专业的翻译工作者。"知同、明异、互读、共赏"，将会使中外民间交往更加活跃，学术交流更快走出各说各话的阶段，在更大范围内找到中国文化的知音。

原载于 2015 年 12 月 21 日《人民日报》理论版，原题"拒绝狭隘的文化心理"，现题目是编者所改。发表时有删改，此为原稿。

第三辑 棹歌渔讴

《二十世纪国外中国文学研究》再版前言

中国文学在读世界，世界也在读中国文学。

本书之撰，始于 20 世纪 80 年代末，那时学界关注国外中国文学的学者人数还不多。我们带着走向世界的渴望，到国外访学之后，热切地期待把所读所思与更多的人分享。今天，此书出版已经 15 年以上了。国际汉学、海外中国学的领域已经涌现出一批骄人的成果，我们能够借此书的再版，回首一下当初的足迹，还是十分有意义的，书中提供的资料，很多还并不陈旧。更重要的是，这一课题本身，还需要更深入地去探讨。

不论是在本书出版当时，还是在今天，国外中国文学研究的很多问题还没有揭示。有些是欲言又止，有些则是蜻蜓点水。产生这种现象的原因是多方面的，其中有一点就是过于强调所谓"借鉴"，抛开一国或一民族学者解读中国文学的民族特性和文化特性，只是瞪大眼睛去寻找与自身想法合拍的东西加以放大。值得肯定的是，本书撰写之时，作者们抱定筚路蓝缕的决心，从知解出发，而不是从预先设定的概念出发。各民族学者解读中国文学，其起点都是本身的文化，从这一点来看，他们的解读就不可能在我们划定的圈圈里，我们需要首先了解他们说了什么，思考他们为什么会这样说，然后才能和他们展开平等、有效的对话。下车伊始甚至是瞥上一眼就哇哩哇啦，是不可能展开真正的学术对话的。知解是本书作者的第一心愿。

本书作者第二心愿是坚守。20世纪80年代，历经磨难的中国文化、中国文学艰难复苏，我们怀抱着珍藏心底的对中国文化、中国文学的热爱，虚心解读外国学者的研究成果。这种热爱，使我们与那些热爱中国文化、中国文学的外国学者有了共鸣的基础，也使我们有了更加审慎、更加求真求实的态度。要想对国外中国文学研究做出中肯的评价，首先自己就应该对所研究的对象有较深的理解，才能不人云亦云，食而不化。事实上正是这样，我们只有深入钻研典籍，评价起他人的研究来才更有底气。由于我们自知水平有限，所以常常提醒自己避免草率的、标签式的批评。

本书作者第三心愿是传递。对于一个具有悠久文化传统而在近代又走过曲折的文化复兴之路的民族的学者来说，在心灵上与他者文化学会共处，比起双脚走出国门，要走更长的路。对于外部向我们发来的千奇百怪的信息，接受哪些、抗拒哪些，是一个永远处于进行时的任务。比起三十年前，我们对国外中国文学研究的了解，的确是多了一些，但是羁绊我们心灵走出去的荆棘还在随时生长。我们对话本领增进的速度还远远赶不上文化变迁的速度。中国学术的两篇文章都要做好，对本土文化的研究是其内篇，对域外文化的研究是其外篇，两篇文章不是排斥的、对立的，而应该是相得益彰的，他们都是中国学术水准的标尺。尽管较之二十年前，信息化的发展使得我们能够打开视频便知天下事，但民族心灵的沟通，却并非变得简单了。文学的传递、思想的传递、文字的传递，留给我们的课题依然沉重。

本书作者的第四心愿是鉴察。各国的中国文学研究，从学术属性来说，毕竟属于孕育他的本土学术，不论是学术模式还是评价体系，都与中国学术为别一天地。我们研究他们，也就伴随着对这一他者的学术体系的认知。对来自异域的学术成果，同对于其他任何学术对象一样，质疑与批判的精神是必需的，而这种质疑与批判也完全是为了将学术对话进行到底。为了达到这样的目标，就不仅需要认真倾听这些来自他者的声音，而且也需要多看一看产生这种成果的语境。在本书撰写当时，我们对各国整体学术的了解还十分有限，但在后来的日子里，我们始终没有放弃这种努力。

原载于夏康达、王晓平等著《二十世纪国外中国文学研究》，天津人民出版社，2001 年；学苑出版社，2016 年修订版。序言有删节。

"人文日本新书"丛书总序

说到与我国文化关系密切的别种文化，不论是说古代，还是近现代，日本文化都要算其中之一。今天，两国文化结束了以单向流动为主流的文化交流史，开始了更加频繁、更加深刻的相互作用的进程。在许多文化领域里，是你中有我，我中有你，小同而大异。

造成这种现象的原因可以举出很多，最简单的一点，就是两种文化的相邻关系。地球村内，比邻而居。如何看待对方，如何与对方相处，既是每天要解决的课题，又是一个解决不完的课题。因为对方在变，自己也在变。由于相邻，其共同点和相异点的效应都被放大。前者使两种文化彼此发挥着镜鉴和舟渡作用，后者使彼此的摩擦和冲撞频率倍增。

还有一点，那就是中日两国民族都有珍视人文的传统。试想，如果古代日本没有这样一点，中国文化便不会在那里产生那样巨大的影响。同样，如果中国文化没有这样一点，恐怕近代日本文化也不会带给中国文化那样多的新内容。而各自的人文，却有着不同的内涵。我们常常被两国文化的相似点和共同点迷惑，将它夸大而忽视了各自原本不同的背景和文化环境。

更为重要的是，在建构现代文化的过程中，两国传统文化都正在起着重要的作用。尽管两国的非传统文化正越来越引起世界的关注，然而如何利用传统文化资源，以发展国际化时代的新文化，两者面临着相似的挑战，而其选择则往往大相径庭。我们正可以在这同与异的辨析之中，增长很多见识。

对于我们邻国的文化，我们需要有深度认识。

研究日本，不仅是它的政治经济，也包括它的历史传统、价值体系、社会结构、文化特征等，这种必要性是不言而喻的。

关于日本文化的特点，日本学者有许多阐释，例如杂种文化论、优等生文化论、换装文化论、换车文化论、日本文明论、第五种亚文化论，等等。关于与中国文化的关系，日本学者也有很多说法，例如卫星文化论、非卫星文化论、先为卫星文明后为非卫星文明论、同母文化论、异母文化论，等等。不可否认，这些说法有的在说明日本文化的某个侧面时曾起到过一些作用，不过它们是否都概括准确，另当别论。仅靠这样的判断，能否深刻说明日本文化的传统和现代，是很值得怀疑的。

日本文化在吸收外来文化的时候，又通过各种思潮的合力始终与其保持着距离。日本文化不仅历史上独自走过了漫长的路，而且今天也与我们各在一途。一句话，用我们自己的眼睛把日本文化看清楚，用我们自己的话把它说个明白，研究出深度，是我们必须要做的事情。

这种研究，首先是为了中国文化的发展。西方世界虽然对中国与日本都有不少出色的研究成果，值得我们研究与吸取，但是从总体上看，没有跳出西方价值中心的圈子，用的还是从西方文化中抽取出来的框架和概念。中国学者应该对日本研究做出自己的贡献。凝眸中国，守住本土情怀，是今天日本人文研究的生命线，而我国悠久的学术文化传统——义理、辞章、考据之学的丰厚积累，则是我们能在这一领域内掘进的推动力。

同时，今天我们发展经济的大文章，是在市场日益国际化的环境下做的。发展民族文化的大文章，也要在多元文化共存的背景下做。这两篇大文章跟国家的"硬国力"和"软国力"有很大关系。不断应时而变，调整与别种文化的关系，显得格外重要。在今天，研究域外文化，已经不仅是为了实施"拿来主义"，为了"洋为中用"，因为我们不能"拿来"，或者暂时不能"拿来"，不能为我所用的，有些也需要我们去跟它打交道。做好自己的事情是在前所未有的大环境中自处和发展的基础，同时也要有更大的眼界、更敏锐的洞察力、更强的免疫力和应对能力。

从这一点出发，我们就不仅期望有"人文日本"，而且更期望有"人文印度""人文阿拉伯"等。在我们不断推出自己研究成果的同时，倾听他者的声音也是必要的，这样，像"人文日本译丛"这样的选题，相信也在期待之中。来自外部的单边主义或者变相单边主义的压力、锁进不锁出的新"锁国心态"和内部对多元文化共存现实的"不适应症"，不会因为经济的强盛而自然消失，需要的是不懈的沟通磨合和彼此对视，这一点不论是对发达国家还是发展中国家，其实都是一样的。

从学者个人来说，恐怕也不难感受到学术环境的变化。社会文化结构变化剧烈、雅俗界限模糊、生活节奏加快、信息需求猛增，知识分子对非本专业知识需要的范围在扩展，而可能用于阅读的时间却在减少。学术著作，不仅需要以严整透彻的面孔登场，也需要以比较轻捷亲切的面孔，走进大众中间。在把学术书写"正"之外，再要求写短，写得耐读，就又要多下一层功夫。日本的很多事情，我们都在等着有人能给我们说个明白，哪怕把足够真实充分的背景材料提供给我们也好。

我们希望，收入这套丛书的每一单册，能够不炒旧饭，小题精做，拿出作者真正属于自己精心思考过的东西来，就一个日本人文题目说清楚来龙去脉。我们有心切实为文化发展做事情，就有理由相信，这套书会越出越精彩。

甲申年五月

原载于王晓平主编"人文日本新书"丛书，宁夏人民出版社，2005—2008年。

"日本中国学文粹"丛书总序

日本人（包括从中国大陆和朝鲜半岛迁徙到列岛的人们及其后裔），至少从我国南北朝时代便揭开了研读中国典籍的历史，而伴随中国文化进入日本而产生的一系列文化现象，诸如写经抄书、创造假名、宫中讲经、发明训读、朗咏流行、设明经文章诸道博士、藏典修史等，构成了人类文化交流史上壮观的奇景。日本人审视中国的同时，也在成就着自身。不论是出于何种目的，从广义上讲，日本人研究中国，经历了一千多年的岁月，但学界真正把研究中国的学问称为"中国学"，则是第二次世界大战以后的事情。

长达一千五百年以上的中国研究史，是和日本文化的开创和发展紧密联系的。尤其在近代以前，可以毫不夸张地说，完全抛开中国学术史，便没有完整的日本学术史可言。但是，从明治维新以后，日本人研究中国的目的方法和态度发生了彻底的变化；尽管中国传统的考据学、文献学的影响依然存在，但日本的中国研究与西方学术以及与本土固有文化研究建立的联系，远比与中国同时学术的联系敏感、紧密而又牢固。不论如何，从古至今，日本学界产生了众多研究中国的知名大学问家和名文名著。

日本人对中国的研究，其文其人与中国自身的学术研究最大的不同，就是主导这门学问的根本课题，是岛国日本如何面对大陆中国。它们不仅根植于异质的文化土壤，从属于日本文化体系，反映或者作用于当时日本的包括民族主义思潮在内的各种社会思潮，在日本学界获取评价，而且根本目标指向在于发展日本文化。所以尽管它们有时与中国本土学问面临着同一对象，然而两者却有着截然不同的性质和价值。

在世界文化走出各自分割历史阶段的今天，国外中国学与中国的国学共同构成世界的学术中国观，而又各属不同的学术体系，发挥着不同的文化功能。对于我们的国学来说，国外的中国学可以说是不宜回避的他者，日本的中国学便是其中的一个重要的方面。

进一步说，日本中国学除了具有其他文化的中国学的共性之外，还有一些特殊性。这些特殊性，离不开一个"近"字。例如，由于许多业已散佚的中国文献通过抄本或者刻本形式保存在日本，使得日本成为域外最重要的中国文献资料库；又比如日本拥有传统的阅读和训释中国文学的特殊手段等，这给中国文献的传播和解读带来正反两方面的影响。同时，由于中日两国源远流长的学术交流史，日本中国学与日本学研究特别紧密的关系，也使得它在考据和比较研究这两方面，有着更多的资源和课题。

在日本，对日本古代学术文化的研究，常常不能与对中国的研究分割开来，再加上现代学术谋求沟通的大趋势，便使得日本中国学者的某些著述，例如内藤湖南、青木正儿、吉川幸次郎等人的著述的影响超出了中国学的范围；另外，某些研究日本学的著述，例如明治时代的民俗学家、最早的环境保护运动力行者南方熊楠，有"知识巨人""时代代言人"之称的加藤周一，"文化功劳者"称号获得者中西进等人的著述，其中涉及中国学的部分，也都有一读的价值。

日本自近代以来，在某些研究条件或手段上优于中国本土，日本学人多重实闻亲见，不尚空谈，长于细读深究。他们在某些领域，例如中国宗教文化、敦煌文学、中外关系史、艺术史以及中国戏曲小说史等方面的研究成果，曾给中国学人以启迪。日本从奈良、平安时代起逐渐形成一些接受中国文学的热点，如《文选》《白氏文集》《唐诗选》《古文真宝》等，对这些作品的研究积累了丰富的资料和成果，对中国学者的研究有着互补互鉴的关系。这些都使得中国学者对日本中国学报以热眼，学人多以"他山之石""邻壁之光"来强调这种关注的借鉴意义。

与此同时，中国学界又从很早便有了对盲目追从日本学人态度的批评。早年章太炎先生对这种态度给予的辛辣讽刺，虽不免言之有偏，却仍不失警戒之功。前辈学者对于当年那些所谓"支那通"的揭露，更不该忘记。在中国学者对日本中国学展开系统研究的时候，仍有必要反对任何形式的食而不化与人云亦云现象，强调中国学研究的国际视野与本土情怀的统一，葆有学术自信和识别眼力。

　　今天，更要看透那些变样翻炒"中国崩溃论"与"中国威胁论"的所谓"中国通"，他们往往将历史和现实作短线连接，凭借现代媒体和出版业，朝论夕改，张大偏见，仅就学术手法而言，也实不足为训。应该说，这些人虽然不是日本中国学界的主流，但是他们头上也顶着"大牌教授""中国问题专家"和"社会名流"的帽子，近年来忙不迭煽呼所谓"厌中（讨厌中国）感"，就很有些拉着舆论走的能量。

　　然而，这里也不能不指出的是，我们对日本中国学研究的价值，绝不止于"借鉴"，也不应该停留在"此优彼劣"的结论上。对日本来说，日本中国学是日本意识形态的一部分，从整体上讲，直接或者间接影响着某一时期日本人的中国观、中国形象、中日关系。日本的知识界，往往通过他们认识中国、理解中国。研究中国的专家们，以及有些并非专门研究中国的思想者写的关于中国的著书，对短期或者较长期的社会思潮，甚至对日本政府的对华政策都起过某种作用。言说中国的学术话语、官方话语、媒体话语及民间话语等共同营造着中国形象，而较之其他话语，学术话语的影响则更为长久深入。

另外，对于中国来说，通过这些著作来认识日本文化、认识日本人、解读日本人的中国观，或许也不失为一条途径。

总之，在中日文化双方不能不互相正视的今天，对待格外重视师承流派、沉淀深厚、做派繁复、多变多样的日本中国学来说，草草一瞥是远远不够的，需要的是原始察终、辨源析流、叩同问异，进而学会平等地与其展开卓有成效的学术对话。既是对话，那当然不是只"知己"就行了，还必须"知彼"，而且不是一般的"知"，而是要深知熟稔。所幸我们已经有了《日本中国学史》《日本汉学史》等专门的著述，让我们看到了国际中国学研究的广阔前景。

国际文化交流发展到今天，在人们对吸收外来文化倾注着空前热情的时代，面对别种文化发出自己的声音就显出更大的必要性，这种声音，不是自言自语，而要有往有复。因而，加强对国际中国学的研究，必然会与我们的"中国学"走向世界相联系。在这一方面，日本学界可谓先走了一步。为了推进国外的日本学研究，十多年以前，日本便建立了对外的国际日本文化研究中心，最近又在法政大学中设立了国外日本学研究基地，其中一项重要内容，便是对国际日本学研究展开分析。以此反观我国知识界的一般认识，多只看到那些操着怪腔怪调的汉语的外国人在该国学界没成什么大气候，又多发些对中国隔靴搔痒的议论的印象，从而轻看国际中国学研究的意义。这不能不使我们感到工作的紧迫性。

读书或可睹人。推进学术交流，化解文化误读，减少文化摩擦，出书、读书、品书，与人员交流对话，是有力的两翼。我们阅读日本中国学著述的时候，如果不只停留在听他们述说了些什么上，而进一步思考为什么会那样说、和同时期中国本土研究有哪些不同，那么，这些材料就可能演化为我们拓展本土文化研究和外国文化研究两大领域更有用的思想资源。

对于收藏在日本的中国文献，日本学者已经对文本做过比较深入的研究，但我国学者却常因为无法与原件谋面而深感遗憾。有些日本学者抱怨中国学者对日本存藏的中国文献的抄本、刻本评价过低，而实际上是这些资料中国学者一般很难看到。面对涉及各类学科的日本中国学著述，切实了解它们的最好方法无疑是阅读原著，而且是系统阅读，因为翻译难免有时会模糊两种文化的细微差异。然而，在很多有兴趣的学人还没有条件做到这一点的时候，翻译就显示出特殊的必要性。

我们选择一些篇幅不长、适于阅读的名篇名著、新人新作介绍给读者，就是为了让更多的人了解日本中国学的多种面孔。我们在坚持学术规范的同时，也不应排斥学术研究的个性化与多样化，这些研究和写作方法的异色，或许能帮助我们扩大眼界。

我们这套丛书，没有选择像《见于〈文选〉李善注里的〈古文尚书〉》，或者《由日本抄本展开的白氏文集的研究》那样大部头的学术价值很高而读者面却很窄的学术专著。那样的书很重要，等条件具备，也应该译介过来。我们先要做的，是希望读者能认识一批比较好接近的客人，也就是一批学者为非中国学专业知识分子写的书。

日本一些研究中国学的名家，很重视为一般读者写书。吉川幸次郎曾提出"让学问回归大众"的口号，白川静总结自己的学术生涯，也强调在孤诣独往、苦苦求索的同时，要努力使学问返回到"一般"，即回报于社会。像青木正儿、奥野信太郎等人文笔之好，在学界早有定评，他们撰写的那些脍炙人口的关于中国文化的学术随笔，几十年来一直是书店的常销书。

我们选择的书目，除了几部新人新著外，都是"大家"写的"小书"：或侧重于其保留中国文献资料的价值，或侧重于其对中国本土研究的补阙，或侧重于其对中日关系研究的历史作用，或侧重于其在日本学界的影响；取其一点，不必求全，积少成多，不拘一格，兼顾学术性与可读性，把这当成一项长期的文化工程来做。通过这套丛书，读者便可陆续与那些久闻其名而未见其文的好友见面。

原载于王晓平主编"日本中国学文萃"丛书，中华书局，2005—2011年。

《中日文学经典的传播与翻译》序

　　一个民族，需要属于她的思想文化巨人，也需要她共享的古典。

　　一个时代的经济不论多么发达，如果没有时代文化巨匠和思想的代言人，就说明这个时代的精神是贫瘠的、空洞的、苍白的、缺乏独创性的，至少是非多元、欠缺民主精神的。

　　同样，如一个民族没有共享的古典，那么她的信仰、凝聚力、文明高度，都会暴露出诸多问题，至少都是亟需提升的。

　　悠久的文明仅仅意味着古典资源的丰厚，并不意味着每时每刻都能为人所用，而这些资源只有经过创造性的开发，才会具有历久弥新的魅力。

　　被称为"知识巨人""时代代言人"的加藤周一，在《为生有希望的读书指南》一文中，曾向日本人推荐《论语》，在谈到为什么要这样做的时候，他说：在第二次世界大战以前，日本还有一些共通的古典，而在今天，对于日本人来说，《论语》早已不是共通的古典了，近代日本文化有点怪、有点蹊跷的事情，就是奉为古典的《论语》的缺失。

加藤周一这里所说的古典，就是自古相传的文化经典。值得注意的是，他特别强调了曾对日本文化产生深远影响的中国的《论语》的缺失。他历数西语圈《旧约》在内《圣经》被广泛阅读的事实，从 17 世纪的莫里哀、笛卡尔等人的作品是法国人共通的古典等现象警告说：连夏目漱石都没人看的话，那么不就是什么也没有了吗？他甚至警告说："不具有共通的古典的社会，不就近乎野蛮了吗？"[①]

这并不是耸人听闻。当今的文化巨匠和共通的古典，实际上是紧密相连的两个方面。将过去的一切清洗掉了，哪会有什么知识巨人？如果没有知识巨人，那过往的古典也就逃脱不了被遗忘的命运。

本书作者怀着对中日两国文学经典的尊重，开始对两国间文学经典的传播与翻译问题展开探讨。

①〔日〕加藤周一著：《日本文学史序説補講》，かもかわ出版，2006 年，第 238—239 页。

一 文学经典传播与译介是人文力与技术力的综合

文学的传播、接受和影响不单纯是个文学问题，国际间的文学接受和影响更有着极为复杂的思想史、文化史和文学史背景，往往是社会思潮、时尚趣味、名人效应乃至传播方式等多种因素、多重力量共同作用的结果。近代以来，文学的传播更与文学教育体系、新闻出版及各种媒体的构造和作用密不可分。总之，离开了对文化相关诸因素的研究，文学传播的研究就会变得苍白无力。

文学传播与译介研究就是从文字学、语言学、翻译学和文艺学结合的方法，对中外文学经典在对方国家的传播和译介作出描述，以对两国通过以文学经典的互译为中心的文化交流活动有一个全面整体的认识，为进一步展开各种题材、各类作品的翻译介绍的个案研究提供良好的基础。

从宏观角度讲，中国的文学经典在日本被传播和译介的历史长达一千年，而中国传播和译介日本文学经典的历史也已过百年，两者之间存在着复杂而丰富的文化现象和文学现象，这本身是一个尚未很好总结、需要长期研究和讨论的学术领域。有关所有的现象和问题是不可能用一部著述就说清一切的。在学术研究的国际交流日渐深入的今天，历史需要总结，而当前面临问题的历史和现实因素更需要面对。

因而，笔者围绕日本翻译中国文学经典中的诸理论问题、日本对中国文学经典传播与译介的个案研究，以及中国对日本文学经典翻译的主要问题，将全书分为三编，根据课题需要，回溯相关历史渊源，对准问题症结，都需要分别加以讨论。即，

上编历时性探讨中日文学经典传播与翻译涉及的多种要素和各类问题；

中编对中国文学经典作品在日本的传播、研究和接受择要论述；

下编则关注日本文学经典在中国翻译中一度较为普遍存在的"过度归化"与文学修养问题。

我们这里所说的文学经典，是指那些权威的、典范的、伟大的文学著作，是经过反复不断的被阅读、被解释、被评价，然后其价值才被认定，并最终成为后人心目中的经典的文学著作。以往的文学经典还会经受现代人的重读与检验。现代性的内核是对个人的尊重，以及基于这种尊重而衍生的自由、平等、民主等观念。凡是盗用经典的名义而铸造思想牢笼的行为，其实都是与民族精神的精髓毫不相干的。经典教会我们不做权奴、钱奴，也不做物奴、思奴。经典滋养心灵，丰润人生，壮美民族。在经典面前，无须屈膝跪拜与献上廉价的赞辞，只需要与之展开诚挚的对话与沟通。

中国的文学经典是我们实现民族振兴的重要文化资源。它的多样性与丰富性，以及它在文化传承与发展过程中所起到过的不可替代的作用，都是中国文化有别于其他文化的特点之一。近几十年来，我们目睹了中国文学经典遭受形形色色怪论的焚毁与供养、棒杀与捧杀、毒语的曲解与密语的误读，但经典依然是经典，而那些点火者、上供者、自唾者、织谎者都不过是过眼烟云。

在漫长的历史发展过程中，中日之间通过人员、图书、教育等多种形态来传播彼此的经典，而图书是经典传播的最常态、最重要的方式。汉字是记录中华文明的直接工具，也是传播中华文明的直接工具，还曾经是记录日本等周边国家文明曙光期以及相当长时期的生活状态和意识形态的直接工具。隋唐时代的遣唐使既是中日之间的"带书者"，也是中国经典最早的传播者，由他们将经典的魅力扩散到皇族和贵族；以后，五山僧侣和江户儒者先后成为中国经典传播的核心力量，明治维新之后，现代教育体系和学术体系逐渐形成，中日经典才开始了双向传播的历程。由于中国图书传入日本后获得了良好的再生产，中国典籍的传播才可能有如此可观的规模。

还应该强调的是，中国文学经典只不过是中国文化传播的一个侧面。中国文学本身所具有的文史一体的传统、特有的文学范畴，都成为中国文学经典传播的独有风景。这种传播不仅形成了中国文学翻译世间罕见的深度与广度，而且造就了日本自身的汉文化、汉文学体系，它们在以文为政、以文为教、以文为礼、以文为戏等方面，都与中国本土的汉文化、汉文学的文字血脉相通而又精神各异。

不妨将中国典籍的日本再生产，分成如下四个阶段来描述：写本再生产传播时代，刻本再生产传播时代，近现代机器印制传播时代，计算机文明、网络再生产传播时代。

除了文字材料，中国文学经典还靠其他途径来传播，如音声（如古代的朗咏、流传至今的诗吟等）、表演（如平安时代流觞曲水中的赛诗活动、中世谣曲中中国题材的剧目等）和图像（描绘入唐经历的绘卷、版本插图与现代动画）等。它们有时传播的不是中国文学经典的本身，而是日本化了的作品，但在扩大中国文学经典的声誉与影响方面具有独特的传播功效。

不难看出，文化与文学交流每一阶段的进展，无非是人文力与技术力综合的结晶。

本国本民族被奉为经典的文学著作，其在本国本民族的经典地位，十分有利于它们的对外传播。不过，也并不是所有的文学经典，都会在他国享有同样崇高的声誉和受到同等的推崇。这样的文学著作，在跨越到另外的民族文化领域之后，就开始了自身的命运。译介者是使它们实现文化跨越的首功之臣；同它们在本国本民族一样，在它们成为新经典的过程中，那些具有权威或大师地位的学者或批评家的肯定，具有决定性的作用。

同时，教育在经典的传承过程中意义重大，而经典所具有的丰富性、创造性和可读的无限性，则需要通过无数读者的阅读和判断得以最终验证。

因而，当我们探讨文学经典在国外的命运时，也会把目光紧紧盯在译介者、阐释者、教育者和阅读者这四者身上。这四者的身份有时交叉，有时重合，即有时译介者兼为阐释者，译介者、阐释者、教育者，同时必然是阅读者，只不过他们的阅读感受通过媒体或著述的传播具有比一般读者更为强大的影响罢了。总之，同他们在本国一样，只有当集体的阅读经验经过一代又一代的积淀变成了集体无意识时，经典才得以形成。

随着科技将地球的每一个角落联系到了一起，人际之间的交往、国家之间的来往、观点之间的交流方式较之以往悄然发生着巨大转变。这种态势，让"关起门来做皇帝"的思维显得更为可笑，那些自我陶醉的虚谈也显得更为苍白无力。传播者要让本土经典走向世界，仅仅让自己的精神、自己的见识走向世界还是很不够的，还要让自己的本领走向世界。在文化冲撞之中，没有喊出来的精彩，只有走出来的精彩。

二　传播与翻译的语境与"字境"

词源学上，传播是有信息的分享和传递这两方面含义，就人文和社会科学而言，传播是个人和团体主要通过符号向其他个人和团体传递信息、观念、态度和表情。一般说来，传播是由传播者、媒介（信道）、内容（信息）、受众以及传播者与受众之间的关系、效果、传播发生的场合、信息所涉及的一系列事件组合而成，也就是传播学上著名的"5W"所概括的传播模式——传播者（Who）、内容（Says What）、媒介（In Which Channel）、受众（To Whom）、效果（With What Effects）——在一定的"环境"中的传播是一个流动过程，因此它呈现着动态且复杂的特征。① 由此划分了传播理论研究的 5 个方面：控制研究、媒介研究、受众研究、内容分析、效果分析。当我们在突破了这种理论的单线模式，将回馈问题和传播中的噪声问题也考虑在内的时候，对传播的研究就变得更为全面和完整。

在不同文化传播的流动过程中，翻译起着至关重要的作用。从中国文学在日本被翻译和解读的形态来分析，大致可分三个阶段。即汉文直读期、文言训读期和白话口

---

① 〔英〕邓尼斯·麦奎尔、〔瑞典〕斯文·温德尔著，祝建华、武伟译：《大众传播模式论》，上海译文出版社，1987 年，第 5 页。

语期。

奈良时代以前，日本人是如何阅读和翻译中国典籍的，文献无考，活跃于日本朝野归化人的存在，表明已经存在各种形式的口译和笔译活动。在中国典籍进入日本文化的早期，根据文献分析，日本人很可能是采用直接阅读汉文的方法来读解中国典籍的，从《万叶集》时代使用的万叶假名采用了用汉字记音来记录日本和歌的办法，可以推测当时对中国典籍是采用按照中国读音（尽管可能已经在转读过程中发生了音变）的方法，不仅由此开始具有阅读中国典籍的能力，而且进而发展为一字记录日语一音的独特技法。

《古事记》序中所说的："上古之时，言意并朴，敷文构句，于字即难。已因训述者，词不逮心；全以音连者，事趣更长。是以今或一句之中，交用音训，或一事之内，全以训录。即辞理叵见，以注明；意况易解，更非注。亦于姓日下，谓玖沙诃；于名带字，谓多罗斯。如此之类，随本不改。"① 这里谈到的是《古事记》写作中的文字问题，从当时日本只存在汉字典籍的情况来推断，也可以推测这些是从阅读汉文典籍中总结和发展出来的原则和方法，并不难看出后来风靡千年的训读的萌芽。

---

① 〔日〕倉野憲司、武田祐吉校注《古事記 祝詞》，岩波书店，1982 年，第 46—48 页。

上述方法，已经包含着丰富的翻译学内容，但仍不免繁难。从奈良时代流传的《游仙窟》读法神授和《文选》读法鬼授的传说，可以想见汉文阅读翻译之难。直到平安时代训读法成形，日本的读书人才找到打开汉籍阅读翻译大门的金钥匙。这把钥匙，通过对汉文文法的分析，将文法简单化，对汉语中没有语法明确标示的词语关系，用日语的助词明确起来，大大简化了理解原文仅靠语序难以理清的内部关联，并通过颠倒词序的技巧，极大地简化了译解的过程。训读将汉语文言的阅读程序化，创造了直接借用汉字文化的途径，将两种文化的沟通，变成了汉字内部的翻译活动。训读在一千多年的日本汉字教育、文化传播中发挥了巨大的引渡、吸附、消纳作用。假名的创制和训读法的普及，在保留原文文本全貌前提下，解决了将孤立语的汉语一步转换成黏着语的日语的复杂问题，具有文法简略、音声单纯、应变力强的特点，读者经过一定训练，就可自行将未经文字转换的源语文本大体直接读通，这可以说是对"原装"文本的接受。

诚如日本学者市来津由彦在谈到前近代日本的中国古典传播与消化时所指出的那样："读解中国古典，发挥着面向当时的现代表述有关政治与伦理的思想的功能。江户时期提供了政治理念与儒教价值观的这种功能，甚至起到了建构制度的作用，这虽与中国不完全相同，但基本上是类似的，在翻译文言文的世界中特许的训读，这种翻译技法，不单是为了阅读，还对将日文思考引导向汉文标记作文方面发挥了作用。"①

尽管江户时代已经出现了将中国典籍用日语口语说解的"国字译""谚解"和白话小说中的口语附注等将文言文或白话作品转换为日语的尝试，但这些终究是训读的补充手段。训读不仅在传播中国经典的过程中的作用是不容抹杀的，就是在延续日本学人的汉字感情方面，也是不可忽略的因素。

训读毕竟是用一把钥匙去开中国典籍的万把锁，对于中国经典接受来说，功也训读，罪也训读。明治时期西方文学的翻译和翻译理论，缓慢地影响到中国典籍的翻译，新的翻译浪潮很难立即动摇延续数百年的训读传统，虽然有森鸥外等少量以当代日语翻译中国古典诗歌的尝试，但恋旧的汉学者不忍割舍对汉语文言文特殊韵味的喜好和对训读的依恋，《国译汉文大系》中训读依然是译读汉籍最有效的手段。

首先呼吁改变这种状态的是那些与中国人有过近距离接触的学者。宫原民平在《由岛国观照到大陆观照》一文中批评当时的汉学者，不去研究现代中国的文章，一味徘

①〔日〕市來津由彦：《中国思想古典の文化象徵性と明治・大正・昭和》，载中村春作、市來津由彦、田尻祐一郎、前田勉编：《続訓読論》，勉誠社，2010年，第409页。

徊于历史废墟，现代日本汉学教育者则做着浅薄颠倒的非常识性的模仿，而在中国现代语言方面，连一点儿打招呼的话也不会说，一封信也不会写，反而在那里大谈苏东坡怎么样，韩退之怎么样，以此来理解现代中国和中国人什么的，真是太自我了："这种意义上，日本的中国研究像要拉开架势凑趣上路，就不能不说是本末倒置。"他本人就是"试着做中国人，与中国人一起生活，与他们一起住、吃饭、干事、睡觉，时而争吵，时而亲近，来把他们的日常生活看个通透。"（《中国研究的一方面》）[1] 较长时间在中国生活过的星野苏山、井上红梅（1881—1949）、宫原民平等人在中国人的帮助下，开始将中国的古典作品和现代小说翻译成近代日语。加之一些受到理雅各、庞德、韦利等中国古典翻译影响的研究者的参与，中国作品的现代日语翻译逐渐成为风气。

与此同时，传统的训读也在文学教育和学术研究领域保持着活力。日本学者对中国文学的研究，也由全员面对古典，转而建立起现代中国文学研究的队伍，战后不仅将各自独立的研究领域平行推进，而且形成了研究者兼作翻

---

① 〔日〕勝山稔：《近代日本における白話小説の翻訳文体について——「三言」の事例を中心に——》，載中村春作、市來津由彦、田尻祐一郎、前田勉編《統訓読論》，勉誠社，2010年，第360頁。

译者的翻译队伍。

继承了前近代至近代的传统做法，又顺应现代出版业和媒体发展的需要，日本的中国文学经典大体形成了三种体式，也可以说构建了三个系统，当然，这并不是中国经典传播所独有的体式和系统，也可以说是日本本土经典现代传播方式的复制和改装。这三种方式是：

念及公众的文献整理体。这类著述主要面向学术界，多采用原文照录、训读随后、词语注释、现代语翻译的方式，注释中不能详说的考证内容，则以补说的形式附在原文后，或者书籍前一部分，以训读翻译为主，后一部分则附以原文。语词等各类索引和参考文献必不可少。为让古典吸引青年研究者，在译文和注释等方面往往化难为易。

直接诉诸公众的现代翻译体。作品转换为流畅的现代日语，简化注释，不出原文，以序跋、解说对作者、作品作简单介绍和评论。

面向不谙古典的一般读者的改写体。采用翻案、超译、自由译等方式或漫画、戏剧等形式对原作加以改写，使用时尚对原作有较大改动。虽然改写的形式不断变化，但这些改写在不同时期内为日本文学的演进吹进外来的新风，却是一以贯之的。从《日本书纪》中改写的《汉书》故事，直到现代小说中的"文艺中国"，这类作品深深影响着日本人的中国观和中国文学观。

日本的中国古典传播，用的是这"三条腿"。这三条腿各有自己的读者群。随着汉字水平的降低，网络媒体对读者群的分离以及消费文化的鼎盛，这三条腿中后两条腿越走越粗，而前一条腿却相对细小。世风多变，学界震荡，毕竟有一批学者还在坚守。

中国的日本古典传播和翻译在百年中走过了漫长的路。今天，日本的中国文学翻译早已结束了蹒跚学步的阶段，不仅古代经典有了多种口语的名译，而且当代小说也不乏既快且佳的译品，但是日本译者并没有丢弃训读的工具。一方面是口语的盛行，一方面是训读辅之以白话散文语体的解说，中国文学始终由这三种形态传播与流通。这正是百年来日本传播和译介中国文学特有的多轨并行的特色所在，而中国方面还缺少前一条腿，第三条腿更为无力。不论是出于提高研究水平的目标，还是培养研究—翻译型学者的需要，加强这两条腿都是十分必要的。

比较文学研究大家凡·保罗（Van Tieghem Paul，1871—1948）曾说："翻译在大多数情况是文学传播的必要手段，翻译研究在大部分比较文学研究中是不可缺少的前提。"① 岛田谨二《翻译文学》（1951）中也说："从世界文学的视野来看，现代文学不正是日本人将欧洲文艺的特征化为己物挣扎苦斗的历史吗？"中国文学在其发展过程

① 参见《现代日本文学大系 74》，《中岛健藏　中野好夫　河盛好藏　桑原武夫集》，筑摩书房，1972 年。

中，与其他各国文学不断交流、交融与交响，积累了丰富的翻译文献，这正是近年来兴起的译介研究的基础。然而，与汉语—英语间的翻译研究相比，汉、日语之间的文学翻译研究却显得相当落寞。

诚如加藤周一所说："在东北亚，即多民族国家的中国的国内外，古典中国语的诗文曾作为一种国际语起作用。当时的状态和中世纪欧洲的拉丁语很相似。再加上中文中的很多词汇，即其表意文字作为中介组合到日语中去，有的词汇通过日语训读法，甚至对一部分日语文法的表现也带来了影响。正是以这样的情况为前提，才使直接训读法的日语训读法变为可能。"[1]除少数学习过汉语的日本人，日本学人不仅阅读，而且翻译也是以日语训读直译法为主。汉语在东亚地域的国际性，是构成中日翻译文化语境的根本因素。这种影响通过汉字一直延续至今。因而，对中日之间的文化翻译研究，不仅要深入到两国语言，而且要深入到两国共同使用的汉字，才能道破其在世界翻译史上的独特意义。

一般的看法，可能认为中国文学在国外的传播和译介，那主要是外国人的研究课题，至于谈到日本，很多中国文学作品都已经译成日语，而且译得很好，那就更不用

---

① 〔日〕加藤周一：《文学和翻译》，加藤周一著、彭佳红译《21世纪与中国文化》，中华书局，2007年，第211页。

我们"费心"了。然而，国际文化交流发展到今天，如何将中国文学经典推向世界，已是我们必须认真对待的问题，日本也不例外。而做好这一工作，就必须要研究中国文学在日本传播和译介的历史和现状，分析其中的经验，学习相关的理论。日本历代学人做了哪些工作，是怎样做的，我们可以从中汲取哪些经验，还有哪些事情需要我们一起来做，都是需要从理论和实践两个方面努力的。中国学人为推进中国文化与世界文化的交流，不应对相关的现象一无所知，也不能做冷漠的旁观者，而是应该知其然与其所以然。

近年，我国学术界多借用语言学中"语境"的概念，来描述话语的环境。一般习惯于将"语境"一词分为狭义和广义两种：狭义指书面语的上下文或口语的前言后语所形成的言语环境；后者是指言语表达时的具体环境（既可指具体场合，也可指社会环境）。对于两国之间文学经典的传播和研究来说，我们不妨也借用这一概念来描述影响传播和译介的诸多背景和参与因素。

然而，对于中日两国来说，由于具有文字的共有项，传播和译介都不能离开汉字各自各时期的文字政策、文字演进和文字相关相涉的不同情况。为了更精准地描述传播和译介的情境，也为了进一步提高我国传播和译介的水平，我们可以更多关注两国的"字境"。鉴于此，本书在第三部分，用了较大篇幅来讨论《日本灵异记》《今昔物语集》

《源氏物语》等古典名著汉译的文字问题，论述了翻译者的文字学修养的重要性。

加藤周一说："翻译是理解异文化的过程。异文化与自我的距离，是空间或时间的场合，翻译随之成为共时的或历时的，可当其距离是时空双方的场合，翻译就成为共时的以及历时的。"① 中日双方的古典传播，在彼此之间，既然存在着时间上的距离，也存在着空间的距离，我们必须相互克服双重的距离。

本书以较大的篇幅研究中国文学在日本的传播和翻译，这既是因为日本在这方面具有丰富的历史经验和丰厚的积累，也是因为我国学者对这一方面的深入研究较少且不够系统，而这一研究对于中国文学的对外传播的课题，无疑具有较强的借鉴意义。每一个国家和民族都希望自己的文学遗产能够成为本土文化与域外文化沟通的桥梁，也无不希望本国文学遗产迅速为外部世界所理解与接纳。20世纪后半期，日本先于中国开始注重将本国名著翻译成各国语言的工作。然而，这一工作绝不是有了资金投入和政府的运作就可以立即奏效的。从学术层面来讲，对于两国文学交流史的研究、对于不同国家文学传播和译介规律及运作规则、实施现状的研究，都是不可缺少的。

---

① 〔日〕加藤周一：《文学和翻译》，第222页。

说到底，不论是将中国文学译成日语在日本传播，还是将日本文学译成中文在中国传播，都可以看作我们事业的两个方面。同时，做好这两件事，虽然各有自己必要的学问，但也有极大的共同点，那就是都离不开对两种文化和语言的科学把握。本书采用的是"互读"的方法和立场。

加藤周一说："理解异文化到底是怎么回事呢？所谓对一个概念的理解，就是把这个概念容纳到自己的概念体系中去，在那里定位，并和其他的概念加强关系，也就是说对一个事物的理解，不单是把新的要素附加到自己的世界观去就行了，而是怎样把新的要素组合到体系中去的问题。这一体系一般是存在于特定的文化之中，至少在大致上，是一种既存概念的框架。翻译就是把异文化的，即其他的概念框架中的特定概念，拿到自己的框架中来重新下定义。"[1]不论是一词一句的处理，还是整部作品风格的再现，都是译者翻译策略选择和将其付诸呈现的结果，而这种选择和操控又无不与译者对原有文本在本土文化中的定位相关。定位的方式不止一种，主要有填补定位、归属定位、对应定位、比况式定位等。

填补定位，即原文本为本国文化中所缺失的部分。如

---

① 〔日〕加藤周一：《文学和翻译》，第 222 页。

日本文明早期，众多概念和文学形式赖直接引进而新建。这种定位，一度产生了全盘吸纳的翻译策略。

归属地位，即对原文本性质的认知。如周作人、钟敬文对日本古典俳句采用白话翻译，是出于对俳句俗文学性质的判定，而另外一些译者对其用古典语来翻译则处于另一种判定。这种归属的判断，往往决定译者对原文本采用何种翻译态度。批判性翻译往往出于对原文本的负面认知。

对应定位，即将原文本对本国文化的某一时期或某一种文体对应。如李芒等人认为《万叶集》产生于我国唐代同一时期，即设定以唐诗体式与风格来翻译它，同样，杨烈认为它主要接受了六朝诗歌的影响，便用那时盛行的五言诗去翻译。

比况式定位，即将原文本视同本国某类作品。如早期译者多将《万叶集》说成是"日本的《诗经》"，把《源氏物语》说成是"日本的《红楼梦》"，并在译作中袭用相近的表现手法。

当然，对于原文本来说，这种定位既不是"一次性用品"，也不会"一译定终生"，而是伴随着重译本的生产有所变化。传播和翻译研究不仅要考察和描述这种定位和转换的历史，而且在有条件的时候还要对其做出反思。

三 中日文学经典传播与译介的"互读"

"中国文学经典在日本的传播和译介"和"日本文学经典在中国的传播和译介",由于有着不同的内容,习惯上会作为两个课题分别研究,这里放在一起,希望以"互读"的视点,来谋求扩大对经典的共识和传播,探讨译介的历史遗产和现实性问题。

文学经典的对外传播和译介研究之所以需要一个"互读"的视角,就是因为对外传播和译介本身都是一种跨文化的行为。日本对中国文学经典的传播和译介,以及中国对日本文学经典的传播和译介都是两种文化、两种语言的转换,其中有许多共同点。20世纪的文学研究被划分为本国文学和外国文学两个领域,但两者无不在各自的一个文化系统中运行,离不开"语境"和"字境"的共有空间。由于译者和学者在这样的教育体系中接受学术训练,往往造成认知的割裂。促进对方理解自身文化的工作,不是仅有主观推销愿望和经济成就能当下奏效的。国际化、信息化时代的文化和文学交流,对对方理解越深,越有希望将对外传播的工作做得好些。因而,从事日本文学翻译的人,不妨从日本译介中国经典的业绩中受到启迪,而从事中国经典外译工作的人,就更有必要了解相关的历史和现状了。

在谈到日本对中国文化及文学接受问题的时候,井波律子说："从《怀风藻》《万叶集》的时代到江户时代，日本文化以强劲的咀嚼力不断接受中国文化，但是这种接受绝不是无限的，而是常常伴随着与自己的志向相契合，或是选择甄别，或是加以转化的操作，这种与中国文化这一异文化持续相互面对的经验，在明治以来面对西方文化这一新的异文化的时候，可以说是发挥了巨大的有效性。"[①]

　　虽然具体圈定哪些是在日本流传的中国文学经典是仁者见仁、智者见智的事情，但是至少以下的事实反映了这种"咀嚼力"与中国本土对这一问题看法的差异：在《日本书纪》中特别记载的是《论语》与《千字文》东传的传说，在《怀风藻》中最突出显现的是六朝诗歌、初唐应诏诗、应制诗的影响，《枕草子》中提到的"文"是《文选》《白氏文集》和博士所作的申文，江户时代最流行的中国白话小说是"三言"、《西游记》、《三国演义》、《水浒传》和《金瓶梅》，在教育中享有地位的是《蒙求》《三体诗》《古文真宝》……同样，尽管中国对日本古典文学经典的译介没有这样漫长的经历，但相似的选择性和转换操作也反映到译介和传播之中：《万叶集》《源氏物语》《今昔物语集》收获了多次重译，俳句的译介和传播培育出了

---

① 〔日〕井波律子《日本人の教養の伝統をめぐって——中国文学・文化受容史》，载芳賀徹编《翻訳と日本文化》，精興社，2000年，第37页。

汉俳这一新诗体而显示出比日本俳句更强的抒情性和整体性，也还有些日本优秀文学遗产还没有译介并获得传播的机缘。今后，会有更多的日本文学经典进入中国人的阅读鉴赏范围，这种甄别与选择也会继续。不难看出，这些都不过是两种文学不同特性在交流中的突出反映。

文学经典的对外传播和翻译研究之所以需要一个"互读"的视角，还因为两种语言和文字的特性在"互读"中才会更为鲜明。译者追求形神兼备的翻译效果，读者期盼读到具有异国情调而又"不隔"的精品，传播者希冀达到最佳反响，而这一切都不是一种语言文字孤立作用的结果，但最终则与引"外"入"内"的文化更新相关，指向本国文化新的创造。

愿本书对中日文学经典译介和传播的探讨，能够为从事日本文学经典翻译的译者提供一些基础性的材料和参照，也为从事中国文学经典日译工作的学者带来域外接受的准确信息，以迎接中日文学和学术交流新局面的到来。

原载于王晓平著《中日文学经典的传播与翻译》，中华书局，2014年。有删节。

《中外文学交流史　中国－日本卷》前言

　　"文学交流是一门学问。研究文学的翻译、介绍、借鉴、影响，是促进国际间文学交流所应当完成的任务，这是不容置疑的，然而它的意义并不止于此。它有助于提高外国文学介绍和翻译的质量，有助于各种不同文化背景下产生的文学的深刻理解和会通，有助于校我之短长而自淬砺，有助于在更广阔、更高远的背景下对文学的发展作宏观的观察。这样的任务，不是一朝一夕可以完成的。"

　　以上是笔者在 1987 年出版的《近代中日文学交流史》序言中写下的一段话。那时凭着对文化交流的热忱，开始了对日本文学的探究。三十年对中日文学交流史的学习，越来越使我感到，像中日这样有着如此悠久的交流历史、如此丰富的交流成果、如此众多往返于两国文学之间的文化使者的国家，在世界上并不多见。中日文化交流史对中日两国学者来说，都是一笔宝贵的学术财富。

正如日本学者加藤周一所说："在将近两千年的日中交流关系当中，中国影响在古代是压倒性的，那以后就一直强劲地波及日本。进入近代以后，虽然从日本到中国的影响有一些回流，但是中国对日本压倒性的文化影响，从文字、从建筑、从法律、从城市规划，在一切方面，都进入到非常深的层次，而这又是不带军事占领的。这样的例子恐怕是再没有的。"他还举出罗马帝国来与中华帝国对照，指出古代罗马在征服了整个欧洲的时候，就施行了军事占领，甚至连英国也是。由于罗马帝国统治了英国，当然文化上的强大影响也就进来了。就从语言上看，拉丁语进入了英语。然而，中国对于日本，并没有军事占领的企图。如何看待这样一部文化、文学交流的历史，可以说是关系到对东亚文化发展模式和特点认识的问题，我们应该抛弃狭隘民族主义的立场，而从世界文化、文学发展的角度，对中日文化、文学的贡献和价值，做出自己的解读和阐释。

中日两国文学交流历史之悠久，文化差异之微妙，由于近代帝国主义、军国主义对中国侵略造成的文学和政治的纷繁纠葛，由于地源政治和文化类型不同而造成的误解和摩擦，都是不宜回避的问题。对于中国学者来说，如何认识中日文学近两千年的文化交流史，是与如何看待日本人、日本文化、日本文学这些问题分不开的，而这也恰是如何与日本为邻，能否与日本文化、文学合理互动需要不断解决的，反之亦然。同时，反过来说，以与汉字因缘深远的日本文学为镜鉴，也会使中国文化、中国文学的精髓和特性更为鲜明。

从我国汉魏时代就已经开始的中日文化交流，是两国人民共同参与和推动的。从那时直到19世纪末，都可以算是古典型的中日文化交流阶段。在这一漫长的历史阶段中，一切交流活动都是以汉字、汉诗文为中心展开的，汉文学是交流的中心和主流。西土（中国）文学东渐是最强大的潮流。同时，汉诗文也是中国人认识日本文学的主要方面。

三十多年以来，我们对文化交流、文学交流的必要性和复杂性有了更加深刻的认识。尽管不全面、不平衡、不对等是文化交流的常态，但事实证明，相向而行的交流活动，对双方文化有所理解的人的积极推动，才会使交流走向深层。因而，本书在写作过程中，从主观上希望尽可能地展现这种交流本身所具有的复杂多样性，关注交流者的情感经历，关注中国人在交流中所起到过的作用。

中国学术具有整体性，按照西方学术方法对文化进行文史分科研究，开创了中国学术的新纪元，但分科的研究往往不能完整呈现文化的全貌和全部价值。现代通行的文学概念是在西方传来的文学观念和苏联文学理念的影响下形成的。中日文学交流作为两国文化交流的一部分，在这样的框架下很难得到完整的反映。因而，本书在描述古典型文学交流的时候，也注意到围绕策文、愿文、蒙学书等方面的交流，肯定其在两国文学发展中的地位和作用。笔者相信，文学交流研究从两国文学实际出发，而不是从某种抽象的概念出发，才会活力无限。

21世纪的文化与文学交流，将对人们的生活产生更为重大的影响。从来没有任何时代，能够让人们像今天这样轻松地穿梭于不同文化、文学之间，文学交流史的研究正当其时。希望人们翻开这套丛书的时候，对于如何认识中国文学在世界文学海洋中的沉浮，如何寻求具有普世意义的文学理论体系，如何迎接更多的外来文学之友，能够做到眼界更宽些，心胸更大些，点子更多些。一种文学不论多么丰富，多么优秀，当它孤立存在的时候，都不可能发挥它的全部魅力。当它和异种文化、文学接触碰撞之后，就有可能赢得更多的欣赏者，赢得再生的机缘，赢得四射的光辉。

原载于王晓平著《中外文学交流史 中国–日本卷》，山东教育出版社；又见于王晓平著、國久健太訳《日中文学交流史》，グローバル科学文化出版，2022年。

《百年中外文学学术交流史》前言

一方有一方之学术（学术之民族性、体系性之谓也），一代有一代之学术（学术之时代性、传承性之谓也），一家有一家之学术（学术之群体性、个人性之谓也）。将此方与他方、此代与他代、此家与他家联系起来的活动，便谓之交流。

20世纪中国的知识体系发生的最大变化，就是有关他者的学术以前所未有的规模进入中国的话语体系。知同明异，文化互读，成为中国知识分子的功课。

近来，关于提升中华文明话语权、东亚文明共同体话语权的议论，不绝于耳。然而，学术交流关系，不同于政治活动中对投票权、决策权的争夺，也不同于经济活动中对定价权、标准制定权的争夺。在学术交流中，争夺所谓"话语权"，或许会适得其反。尽管学术交流会受到来自政治、经济等方面因素的制约，但如果就学者之间具体的交流活动而言，提升自身话语能力才是最重要的事情。中华学术话语能力的提升，不可能孤立于世界学术体系去完成，必须在与中华文化关系越来越密切的各种文化体系的接触、碰撞、融合、平等对话的进程中去完成。

世界各国的学术同仁都会看到，中国学者与世界学者之间的学术交流，不是去争夺什么"中心"位置，也不是为了让中华文化取代某种文化而获得强势地位，而是真诚地愿意为人类文明的共同发展尽一份自己的力量。中华文明的复兴，不可能离开人类数千年积累的文明成果，也不可能抛弃已经本土化的外国文化而从零开始。文化保守主义、文化虚无主义或许在一定时期内给某些集团或群体带来现实的利益，但从长远来看，都是与多元文明的共生、与学术多元化相悖的。

你对世界敞开胸怀，世界才会对你张开臂膀。对于中国学者来说，更多地了解这个我们真正睁开眼睛才看了百余年的世界，是极为紧要的。百余年以前，儒—道—佛体系受到巨大挑战，那些站在时代前列的觉悟的知识者，开始寻找与世界学术对话的智慧，他们苦苦求索的精神将永远彪炳人寰。尽管经历了重重苦难，百年中国知识者的业绩和他们的生存智慧，永远值得后人细细咀嚼。让我们和他们一起，更多地思考中华文化的未来，更多地享受人类文明的成果。我们有理由真实地记录下为百年来那些在精神领域披荆斩棘、填塞沟壑、架设桥梁、"修筑高铁"的知识者探索与跋涉的轨迹，并以继续前行的行动来纪念那些先行者。

福柯说过，人文学科是在不同学科的交错比较中确立的，不断地"学科化"在否定昔日的通识意识，每个学科都在廓清边界并重新划定边界。人文学科的分支在其确立的时候是通过相互比较而产生的，至少文史哲绝对是在相互参照、相互补充、相互引领、相互重叠中完成的。正因为学术乃是天下之公器，故不会囿于一方、一代、一家之藩篱。

在我国尚处在封闭的时期，范文澜的《中国通史》就为我们留下了一段精辟的话，他说："各种文化必然要取长补短、相互交流。娶妻必娶异姓，男女同姓，其生不繁，文化交流也是一样，所以文化交流愈广泛，发展也愈益充分。文化输出国不可自骄，文化输入国不必自卑，某一国文化为别一国文化所吸收，这种输入品即为吸收者所拥有。譬如人吃猪肉，消化后变成人的血肉，谁能怀疑吃猪肉的人，他的血肉是猪的血肉而不是人的呢！"叶嘉莹也说过："夫治学者眼界须大。胸次宜广，方今世界交流之便远过古时，而中外学术之融汇互通，乃为大势之所趋。"[①] 在"拿来"时摒弃文化中心主义与事大主义，精于

---

① 叶嘉莹：《日本汉诗话集成序》，载赵季、叶言材、刘畅编《日本汉诗话集成》，中华书局，2019 年。

选择，学会消化，为己所用，在"贻赠"时不以己度人，善解他者，谦虚对话，前人留给我们丰富的经验，有待于我们潜心学习，认真总结。

文学学术交流史研究，就是实证、义理交互为用来探讨中外文学学术"拿来"与"贻赠"的历史，进而深究中外文学学术中什么是他者（the other）、他性（otherness）、异己性（foreignness），怎样涵化（acculturation）、怎样认同（identity）的"他者学"（heterology）。它要关注中外各类文学样式的共性，更要阐发中国文学与域外各民族文学学术交流的差异性，正是所谓"知同、明异、互读、共赏"在文学研究中的体现。20世纪是具有悠久文化传统的中国文学在深刻变革进程中与扑面而来的世界文学的相遇，丰富的传统文献和层出不穷的考古文物和文书，加入到中外文学学术交流的大潮中，更有各种新鲜的学术思潮随欧风美雨而冲击着学人的头脑，文学研究呈现出各种隐性和显性的矛盾、冲突和交锋，而这些矛盾、冲突和交锋又深受百年政治、经济巨变的左右而具有强烈的中国特色。这一切构成了20世纪中外文学学术交流的丰富性、多样性和暧昧性。

本书分六编，分别为制度、观念和方法；学人、著作与刊物；事件、交游与研究；翻译、出版与传播；比较文学研究、多元文化时代的国际中国文学研究。力图以全面、独特、新颖的角度对20世纪中外文学学术交流进行系统梳理与阐释。

本书注重实证，挖掘中外学人学术交往、学术思想碰撞而被长期掩蔽的事实真相，予以剖析，对20世纪百年中外学术思想主潮整体把握，讲求国际境界与中国风骨的统一，事理相彰，问题集中于影响文学学术交流深度的诸多因素。宏观微观兼顾、大节细节相照，希望为这一崭新课题提供最基础的资源与思考。从内部到外部，从自身到他者，从双边到多边，试图在掘学术交流之文墓、揭学术交流之文幕的路上，迈出坚实的一步。

为了尽可能对中国文学学术吸收东、西学术精髓与走向世界的历史经验加以系统考察与科学总结，对于今后中外学术交流与中华学术的对外传播提出一点建设性意见，本书集合了20世纪80年代以来熟悉中外文学理论而具有传统文化素养的中外学术交流的亲历者、推动者与探讨者，一些国际学术交流活动的组织者与参与者。他们分别从事比较文学、文学翻译与中外文学研究，富有跨文化、跨学科研究的丰富成果，从20世纪后期便陆续出版过《20世纪国外中国文学研究》等一批与此课题相关的有影响的研究著述。

全书从酝酿到成书，历经十余年，然而探索尚在继续，有关学术交流的许多深层次问题，尚未得到更深刻的开掘与阐述。我们在继续积蓄自身实力，也在创造与等待更好的时机。在我们看来，文学学术交流的各个方面，依然面临着繁重的改革任务。

我们愿以鲁迅下面这一段话自勉："由历史所示，凡有改革，总是觉悟的知识者的任务。但这些知识者，却必须有研究，能思索，有决断，而且有毅力。"写作本书已使我们本人得到了提升，如果我们能用这起步的一本书，引来更多的学者朋友和我们一起来深度探讨文学学术交流思想、研究和教育深水中的问题，那就已是重大收获了。

2020 年 1 月

原载于王晓平、鲍国华、石祥等著《百年中外文学学术交流史论》，山东教育出版社，2020 年。

第四辑　若木临风

《日本诗经学文献考释》前言

日本《诗经》学文献研究是日本《诗经》学的重要内容，其中既有传入日本的中国善本，也有日本历代版本，即所谓和刻本；既有抄本，也有印本；既有中国学者的著述，也有日本学者的撰述。这些多样的文本，既与中国典籍整理与比较文学研究相关，也是日本书志学、历史语言学研究的重要资料。

日本史书记载，在4世纪的应神天皇时代，百济人就将《论语》《千字文》传了过去，根据近代出土文物考察，中国文化典籍的东传很可能比这更早。根据《宋书·蛮夷传》记载，从高祖永初元年（420）至顺帝昇明二年（478）的59年间，两国9次交通，据《宋书》记载，刘宋昇明二年，倭王（雄略天皇）向刘宋遣使上表，在其致顺帝的表文中，多四字句，多处出现全句或部分出自《毛诗》的语句，如"不遑宁处""累叶朝宗""偃息未捷"等。

6世纪继体天皇时代，就有"五经博士"，也就是一人教授五经的学官进入了朝中。6 至 7 世纪进入飞鸟时代，谶纬说传入，形成了所谓阴阳道。当时的知识分子对三国六朝的学问思想，已经相当了解，那些读过经书，接触过经学的知识分子就成为大化改新的主力。推古天皇十二年（604）颁布的圣德太子十七条宪法中，有模仿《毛诗》句式或语句的，如第十六条中的"其不农何食，不桑何服"等。《毛诗》是延历十六年（797）《太政官宣》规定的将要进入大学寮"明经道"学习的人首先要读诵的书。奈良正仓院文书中《读诵考试历名》中载有一位名叫"丹比真人气都"的人读诵了《毛诗》《论语》《孝经》。丹比真人气都很可能是一位下级官员或地方望族出身的女性。当时《毛诗》在贵族学人中流传的情况可见一斑。

神田喜一郎在《飞鸟奈良朝时代的中国学》一文中曾经指出，奈良朝时代书写的《毛诗正义》断简至今尚存。元明天皇和铜五年（712）太安万侣撰录《古事记》上奏的表文中，从文章结构来看，显然模仿了《五经正义》完成时长孙无忌上奏的表文，可见当时《五经正义》已经传到日本。从当时的情况看，说日本的经学承袭了中国南朝的传统，恐怕是不会错的[①]。

抄本，即抄写的书本。习惯上唐以前称写本，唐以后称抄本。日本向中国派遣使节的隋唐时期，正是写本风行

① 〔日〕神田喜一郎：《神田喜一郎全集》第 8 卷，同朋舍，1987 年，第 13—14 页。

的时期，他们所接触的正是以手抄为主的典籍文化。

诚如岛田翰在《旧抄本考·小引》中所指出的那样："盖王朝之盛，远通使隋唐，博征遗经，广采普搜，舶载以归，守而不失，真本永传。是以夏殷三代之鼎钟，六朝隋唐遗卷，往往而有存者。"其幸存于今的那些隋唐抄本，不过是那个时代日本使节和留学者活跃的猎书活动的些微历史遗物。中国那些抄本，不少出自书法高手。陈继儒在《太平清话》中谈到那些古写本时说：抄本"书如古帖，不必全帙，皆是断珪残璧"。这种说法，大体也适合于日本保存至今的《诗经》写本。日本奈良、平安时代流传下来的抄本，不少也堪称书法精品。

那些保存于今的《诗经》唐抄本和日人抄本，正是其中特别值得珍视的一部分。关于《诗经》抄本的研究，也需要和其他今存抄本放在一起来考察，才能更好地说明日人接受《诗经》的文化语境。奈良正仓院至今还保存着相传为奈良时代书写的《毛诗正义》的断简，神田喜一郎推断《毛诗正义》已经传入日本，是可信的。

从平安时代以来，训读的方法逐渐确立，而且各道博士皆形成了由一定家族世代相传研学一门的传统，连经书的训读方式也成为各家秘传。模仿唐制的学制在混沌的社会变动中必须不断做调整，但遵从唐代学术的风气却改变很慢。正如日本学者阿部隆一指出的，尽管宋学的影响自镰仓以来渐次浸润，但那只是部分的转变，与中世纪汉学不振相应，主流依然是唐的学风，宋后新学风靡、学风一变则是江户时代以后之事。王朝时代以来朝廷博士家，世代把传授敷衍中国标准正统的注释，把纯粹传承唐时传来的本子视为家学的重要任务，直到17世纪的庆长年间，一直在使用他们相延已久的家本。《诗经》的传承也概莫能外。

和日本这种世袭为学、关门授经、一根独传的学风不同，中国自唐至清，学风几变，每一变则多将旧风之书遗弃不顾，虽经朝廷整理抢救活动，散佚失传之书仍不可胜计。海外特别是日本传存的《诗经》古写本以及与这些写本关系密切的印本，便成为窥察中国古代《诗经》学的一面镜子。

《诗经》在日本的声誉，是在尊经的前提下确立的，读经就要读《诗》。上至天皇贵族、五经博士，下至藩士儒生、俳人歌人，因而接受的方式也呈现出多样性。

日本重视旧抄本的传统与日本吸收外来文化的独特方式有关，但同时也有日本文学发展的限制在起作用。用"假名"写作的作品得到蓬勃发展，但这样也成为推迟引入中国印刷技术的最大原因。旧抄本中多添入了被后人称为"菅家点"或"江家点"的训诂注文，而文字密集、行间印有罫线的宋刊本则无空间写进此类文字。阅读者崇拜权威的心理，使他们不肯轻信新本。经学在日本的传播方式和范围，和中国存在极大的差异。在很长时期内，日本读经者只限于有望继承父业、跻身儒者小圈子的那些人，面对的是一对一或者一对几的教学环境，有先生传给的抄本，就足以完成学业了。这种需求，是经书印刷姗姗来迟的重要原因。同时，这种传授也养成了重传承、守师说的传统。

宋明以来，由于朝廷对经学的统一措施，那些与定本不相一致的俗本，等于先后被剥夺合法存在的权利，不再进入学子的视野；而印刷技术的普及，加速了定本和敕撰注疏独霸经学讲坛的步伐，很少留给保存俗抄本的余地。而在日本，那些江家和清原家世代以儒学为业的人们，仍然珍视着祖上传来的学问，后来江户幕府官方学术对儒学的提倡，至少使这种数百年来的荣誉感延续了下来。在人们珍藏古代《诗经》抄本的心理深层，除了有汉字文化圈长期文化交流形成的文化认同感作为有力支撑，就是传承世袭以学名世的家风学风的夙愿。多种《毛诗》抄本均由各种和纸抄写的。印本纸质精美，自然也是长久保存完好的重要条件。

从现存写本推测，《诗经》定本传入日本之前，六朝至初唐的俗本已在日本有传，亦不能排斥定本传入后仍有带入俗本归来者。总之，即使是在定本大行之后，日本也未将原来旧本舍弃殆尽，而仍有人以其为校勘之资。讲《毛诗》的清原、大江两家，各有自己的本子，各自珍惜。今存静嘉堂本《毛诗郑笺》、大念佛寺本《毛诗》等，皆多据俗本校勘的文字。孔颖达《毛诗正义》杂采众说而定为一尊，固可一去众说纷纭、无所适从之弊，而一尊之外，亦有多言而从此不得其传。而日本保存的古本，恰好可以在某种程度上恢复我们对唐宋时代，特别是宋代经学的记忆。

清人严可均于《铁桥漫稿》卷八《书宋本〈后周书〉后》言："书贵宋、元本者，非但古色古香，阅之爽心豁目也；即使烂坏不全，鲁鱼弥望，亦仍绝佳处，略读始能知之。"（《书宋本〈后周书〉后》）《诗经》之古写本印本，唐抄宋椠，珍如珙璧，一旦散佚失坠，无以挽回，访书藏典之事，可谓大矣！其真价固不当以藏于海内海外相议，而海外传者，得之不易，亦常令学子"望洋兴叹"矣！

《诗经》日藏资料，既为研究日本《诗经》学之基础材料，如与国内研究相辅相成，又于拓展中国古典文献学、中日文化交流史研究和比较文学研究，有所启发。各种写本印本，价值自然不尽相同，而其中有弥足珍贵者，可用于一考经文，二考传、笺、疏佚文，三考各本虚字之增删，四知定本前后俗本之旧貌，五考《毛诗》及三家诗散佚著述佚文，六考六朝初唐俗文异文，七明辨体式，其用不为少也。

来自中国的《诗经》古本在日本旅行，并通过日本人抄写和印刷而增殖出新的古本，这本身便是一种国际文化现象。我们自然会产生一系列的疑问：当时的日本学人是以怎样的心态来接受中国学者各种歧义纷呈的见解的？这种接受与日本文化思潮有何关联？从中可以反映出中日两国学术思潮怎样的关联和异同？这些问题，既与日本中国学相关，也与中日两国的文学观念的演化相关。若将其纳入比较文学的视野，则可有益于探讨东亚汉文写本的文化内涵，追究诗说异同与模拟当否，思考其中审美观念与思考样式的烙印，阐明诗学传统对《诗经》说的影响，辨明诗说真伪与彼此关联。

《诗经》在两千余年的流传过程中，不仅涌现了难以计数的研究著述，而且伴随这些著述被阅读研究和接受，给予学子精神广泛的影响，由此产生了一系列的文化现象，我们可以把它们用"《诗经》现象"这个词来概括。日本历史上的《诗经》文化，在语言、文学、艺术、思想、名迹等方面均有所体现。这是因为《诗经》远在奈良、平安时代便为明经道、文章道的必修教材，历来为日本知识分子所重，遂引以为创造自身文化的元素，也构成漫长的中日文化交流史中独具特色的亮点。

日本古代不少文学家，特别是诗人，都曾经是《诗经》的读者，他们怎样从中吸收语汇和心得手法，在拙作《日本诗经学史》中多有列举。不论是和歌、俳句，还是连歌、川柳，都曾经有人积极提倡学习《诗经》。南北朝时期二条良基所著著名的连歌论书《筑波问答》（1357—

1372 年间成书）中说："连歌中经常涉及中国典籍及世俗事物，评判者如果没有广泛涉猎就不能胜任。最近，朗咏、乐府和连歌交叉唱和的方式颇为常见。从中国典籍撷取唱和诗句之时，要注意《毛诗》一书。因为它是中国最早的诗歌，其中有许多有趣的诗句，还有许多草木鸟兽之名，可供唱和。古代和歌中也多有可用。当然，对本国典故不甚了了，而对别国的东西津津乐道，恐怕也不妥。"① 这典型地反映了日本诗人对《毛诗》汲取的态度。

然而，随着近现代文化的发展，《诗经》的记忆却日益被冲刷遗忘，逐渐从人们的生活中消散。笔者《日本诗经学史》从语言文学中的《诗经》元素、义疏模式与学人的艺术实践、艺术与思想中的《诗经》潜影、人名与物名中的《诗经》记忆等方面予以论述。今天，我们利用日本藏古本来对《诗经》进行新的考证和比较研究，正是延续国际《诗经》文化的尝试。《诗经》能够为我们思考东亚古代诗歌的共性和中国古代诗歌的特性提供哪些东西，还有待于我们去发现和阐释。

日本《诗经》学文献包含着丰富的研究内容，和其他古代珍贵写本和印本一样，在日本被列入国宝和"重要文化财"名录，受到专业保护，有些还被影印或择机公开展

① 〔日〕木藤才藏、井本農一校注：《連歌論集·俳論集》，岩波书店，1961 年，第 91 页。

出。自江户时代以来，便有学者不断阐述这些资料的价值，以期引起学界的关注。至今日本学者也从书志学、历史语言学等方面积累了相当的成果。他们的贡献在于基本查清了分散在各地的藏本的家底，在训点研究方面成绩尤著。

然而，古代抄本和印本无一例外地面临着岁月的侵蚀，由于它们远离时尚和现代消费，其保护和研究的困境终究难以摆脱。这些凝聚了中日两国无数先人心血的遗产，研究者需要两国语言文化的全面知识，才能减少分科过细造成的方法论上的损失。特别让人感到遗憾的是，这些资料还没有引起《诗经》专门研究者的充分注意，至今还没有一部比较全面地描述这些资料状况的论著，对原件的释录也还存在较多问题。

幸运的是，今天已经具备了弥补这些不足的条件。首先是学术观念的进步，使这些具有跨文化特征的资料的价值受到中日两国更多学者的认可，学术交流的发展帮我们克服了狭隘的民族文化观的偏见，把它们切实当作东亚文化的共同遗产来对待。其次，随着经济合作与文化交流的深化，汉字文化圈重新认识自身历史文化传统的呼声也越来越高，信息技术的改善也使得复制和传播这些资料更为容易，那些宝贵的资料也到了该结束"养在深闺人未识"状态的时候了。再次，《诗经》学本身需要扩大视野，谋求突破，而两国学会业已形成的交流管道也可以促进新成果的共享和人才培养的合作。这些因素都给我以信心：一部专门研究《诗经》故纸堆的书，也可能找到它的读者。

　　本书旨在科学描述日本所藏《诗经》古抄本和印本的基本情况，对保存在各种文献中的有关资料加以梳理，利用抄本研究的宝贵积累，特别是敦煌写本研究对中古语言文字研究的新收获，对其中的唐抄本和日本抄本加以释录，以期客观地确认这些资料的价值。

　　原载于王晓平《日本诗经学文献考释》，中华书局，2012年。

《日藏诗经古写本刻本汇编》出版缘起

　　据研究，《诗经》很早便传到日本，《日本书纪》记载，继体（507—531）、钦明（539—571）五经博士自百济到日本，以后"博士家"代代相传，不绝如缕。镰仓、室町时代五山文学兴盛，僧俗间对中国典籍广泛研读，至今有《毛诗抄》等《诗经》授课讲稿传世。江户时代儒学兴盛，涌现出一批《诗经》研究著述。

　　《诗经》在传入日本之后，以清原家、大江家两大传承系统为代表的学人苦心钻研汉唐学者的著述，整理与传授着自古家传的"家本"。日本研究《诗经》的学风，长期以来受汉唐影响颇深，江户时代宋学影响方盛，朱子学派、古学派、阳明学派、折中学派先后对《诗经》作出别具特色的解读，直到近现代，《诗经》仍不断被反复重译，学者对《诗经》研究的兴趣依然浓厚。

　　江户时代的学人在接受明代《诗经》学影响的同时

提出了"人情诗说"，以排斥与对抗朱熹的"劝善惩恶诗说"，两者实际上体现了不同的《诗经》价值观。"劝善惩恶"强调的是教化功能，是指向民众的；"人情诗说"强调的是"知人情"的效用，不妨看作是藩儒向幕府提供的"文化建议"，是指向为政者的。近现代以来，西方学术思想对日本《诗经》学的影响是多方面的。它引导学者用西方文化人类学者看待原始民族文化的眼光去解读《诗经》，也逆向启发学者重视中国特有的金文材料与少数民族风俗。日本《诗经》学与现实政治保持着相当的距离，却与处于意识形态主流的"国学"多有相互为用、平行响应、堪称同盟的时候。两者的接点，便是将追寻与回归日本文化的源头作为《诗经》研究的目的。

在一千多年的发展过程中，日本《诗经》学形成了重实证、重原典、重学术史研究的特点。总的说来，日本《诗经》学大大丰富了《诗经》学的内容和表述方式。日本学者对《诗经》的翻译、介绍和研究为《诗经》的国际传播作出了积极贡献。近代以来日本学者的《诗经》研究多受到西方学术影响，在文献研究和诗意阐释方面多有创见，特色鲜明。

《诗经》今存古写本，以敦煌石窟所见卷子为最古，皆唐以前人手写，大有裨于《诗经》研究。除此之外，则有古代流传于日本之唐抄本和日人所书写之抄本数通。唐人抄写而自唐传入日本的抄本，学界称为唐抄本。同时，还有日人抄写而与唐抄本密切相关的抄本。其中静嘉堂藏《毛诗郑笺》20卷、龙谷本和清原宣贤手抄《毛诗》等都很完整。《诗经》之古印本，即最古之宋本，国内当数国家图书馆保存之两种，余则不存；而日本今尚存宋绍兴九年（1139）所刊《毛诗正义》单疏本和南宋十行本，即《附音释毛诗注疏》，前书列入日本"国宝"，后书亦列入日本"重要文化财"。日本江户时代活字本中的《毛诗》白文与《毛诗郑笺》，多以保存旧貌为己任，亦有理应珍视者。

江户时代的山井鼎利用足利学校所藏写本对经籍进行校勘，所著《七经孟子考文》的《毛诗》部分对清人启发良多。《诗经》还出现了一些日本人作注的本子。以江户后期为证，就可以举出皆川淇园的《毛诗绎解》（亦名《诗经绎解》），还有载有1834年跋的仁井田南阳的《毛诗补传》、安井息轩的《毛诗辑疏》力欲纠正阮元《校勘记》不重视日本写本的倾向，冈白驹《毛诗补义》、龟井昭阳《毛诗考》对诗解也有所发明。明治时代的竹添光鸿《毛诗会笺》吸收清人考据学成果，重视日本历代所传《诗经》写本，同时开始引入西方文学理论说诗。

近代以来日本学者对《诗经》主体与本质的认识呈现出多样化倾向，各自主张祭祀歌说、宫廷文学与贵族文学说、古代歌谣说、恋歌说、民谣说、歌舞剧诗说等，而研究方法也各不相同。既有来自西方而又日本化了的文化人类学、民俗学和比较文学的方法，又有中国清代考据学以及江户时代以来契冲、本居宣长等人"国学"研究方法的影响，其中尤以法国学者马歇尔·葛兰言和日本学者折口信夫的影响最为巨大。冈村繁对《毛诗正义》的校注、家井真所著《〈诗经〉原义研究》以及白川静《诗经研究》等著述，都具有很高水平。后两者的共同特点是特别注重吸收金文中的文字材料以证诗。文字学家白川静《诗经国风》《诗经雅颂》新说尤多。田中和夫所著《毛诗正义研究》《毛诗注疏译注》《汉唐诗经学研究》广泛涉及对诗篇的考释。

《诗经》曾经对日本文化产生多方面的影响，语言、文学、绘画、音乐乃至戏剧，都曾留下《诗经》的印记。在前近代，浓缩《诗经》诗句及相关概念用作年号并用作地名、店铺名、学校名者屡见不鲜。由于《诗经》既是经学研究的对象，又是文学研究的对象，历代文人对《诗经》学习都相当重视，并多有学者为天皇、皇室、忠臣讲读《诗经》、以《诗经》诗句为题赋诗的记载。然而百余年来，这些历史逐渐被风化、被淡忘，淹没在所谓"国际化"的浪潮之中，上述"《诗经》现象"也飘散为历史的陈迹。

日本学者在保留《诗经》文献方面贡献良多。在现存古代汉籍中，《诗经》资料最为丰富，奈良时代从中国传来的唐写本，至今有存，而平安时代以来的重抄本更保留了日本独特的训诂和语言文字资料。从与敦煌写卷的对比研究中可以清楚地看出，日本古代《诗经》写本多借用中国写本的书写习惯并有所创新。由于经学世袭相传，各家重视自家传本，独守传统，也就形成了不断将自藏古本与中国新传来的本子反复校勘的做法。江户山井鼎等人以足利学校古本为底本的校勘工作，对于传、笺、正义的校勘至今仍不失为参考文献。

日本所传《诗经》写本和刻本，有些保存了我国已散佚的文献，被列为国宝和"重要文化财"。历代学者对《毛诗》的理解不仅见于专著，而且还散见于各种随笔和文集。日本诗经学会自20世纪70年代创立以来，创办了会刊《诗经研究》，至今已出版三十余期。遗憾的是，日本国内中国学研究所处的边缘化地位，古代的写本和刻本尚未得到充分研究，甚至有些破损日甚，逐渐散佚，亟待抢救，国外对这些学术资源的了解则更为贫乏。

日本所藏《诗经》文献，是一笔国际文学遗产。为了保存流传海外的《诗经》文献，扩大中国学研究的视野，促进国际《诗经》学的发展和国际学术交流，中华书局决定编辑出版《日藏诗经古写本刻本汇编》丛刊。此丛刊带有抢救国际文学遗产的性质，这些文献在日本被学界边缘化，有其文化变迁的背景，其不以为惜，自有根由，而作为汉字文化发源地的中国，学术界不能听任其消亡于异邦。

本丛刊所影印的十余种书籍，均为日本秘藏罕见文献，可供《诗经》学、日本中国学、比较文学研究者参考，中日古代语言文字研究者和文化交流史研究者也可从中受到启发。

原载于王晓平主编《日藏诗经古写本刻本汇编》第一辑十二卷，中华书局，2016年。

《日本诗经要籍辑考》序

本书是拙著《日本诗经学史》《日本诗经学文献考释》的续篇，也是《日藏诗经古写本刻本汇编》所载序说的合编与补充。

本书所做的事情有四件：一曰存异，一曰解读，一曰打通，一曰品译。

日本《诗经》学研究的对象是中国古代文献，而有自行走过的路，自在的评价体系和自身的研究规律，尽管各时期与中国《诗经》学的关系有远近深浅之分，但归根结底，从属于日本学术体系。所以，日本《诗经》学的资料，对于我们来说，很多还是新知识，未知的内容很多。所谓存异，就是将搜集到的罕见日本《诗经》学文献保存下来，加以整理，使之不致被遗忘。主要工作是考文字。由于历来的研究资料多有散佚，而在今日的日本学界，它们由于地处边缘而面临被遗忘的境遇，所以存异实际上也是存逸。

所谓解读，就是对这些新资料读懂、读透。主要工作是考义理。日本至今保存的《诗经》写本虽然不多，但上面保存的一点一滴的古代文化的信息，需要从识读文字、符号开始，逐步深入到这些文字、符号的来源和以后的演变。参照敦煌写本的研究成果，不放过写本中的每一个细节，进行准确释录，是解读的第一步。对于日本学者的撰著，则需要考察其学术背景，关注著者的学术个性，考察他们人生与治学的经历，尽可能还原他们与《诗经》邂逅的独特因缘。由于资料欠缺，或许很难还原当时那些异国著者们撰著《诗经》要籍的心路历程，但还是要尽可能避免以己度人，错看了他们解《诗》的本意。

原为日文的，先须译解；原为汉文或变体汉文的，则须点校。此皆我国学人尚少着力而属学问上铺石垫路的工作，故不论方家是否目为"学术成果"，亦不拘一格，乐而为之。

所谓打通，就是拆掉中日《诗经》学之间的篱笆，梳理其间的因缘与异同。主要工作是考关联。日本《诗经》学以中国《诗经》学为学源，《毛传》《郑笺》《正义》《集传》，乃至《说约》《诗经通论》《读风偶识》《毛郑诗考证》《风诗类抄》等，在日本学者中有广泛的影响，但也有一些重要的《诗经》研究典籍很少有人深入钻研。中国学界视日本保存的资料和研究成果为他山之石，一旦发现，便不弃攻玉之功。阮元、陈奂、杨守敬、罗振玉、王国维、周作人、孙作云等学者皆利用或介绍过相关资料，但将日本《诗经》学作为专门学术史来研究，则是近年的事情。打通中日《诗经》学，辨其勾连，析其异同，通其有无，续其学脉，是一项有益于两国学术的事情。

所谓品译，就是探讨《诗经》从书斋进入日本社会过程中翻译的作用，品味《诗经》转换成日语后的独特韵味。主要工作是考译诗。译诗难，将古代的诗译成现代诗更难，而将外国古代的诗译成本国现代诗歌，那就是难上加难了。日本传统的训读不仅在过去《诗经》传播中起到过重要作用，而且这种保存原文整体的翻译形态，至今仍为读者所接受。明治时代日本学人便开始摸索将《诗经》翻译与西方传来的自由诗结合，写出了《诗经新体诗选》。1922年郭沫若译成《卷耳集》，选择《国风》中四十首情诗，翻译成现代新诗。四年以后，专攻希腊哲学的教授冈田正之将《国风》译成现代日语的《诗经》出版。

一般《诗经》学概论、《诗经》学史关注的是研究著述，翻译研究则归属于比较文学研究、外国文学研究中，鉴于《诗经》翻译本身具有的学术性，本书也用了较大篇幅来评介。不论是《诗经》的今译，还是外译，都值得《诗经》研究者参与和钻研。对于今天的读者来说，能读原文固然好，读好的译文的读者当然也是越多越好。《诗经》的今译和外译，都可以当作文化传播工作和学术研究来做，当作艺术创作活动来看待。

吉川幸次郎认为，《诗经》不仅是中国最早的诗集，而且作为包括日本、朝鲜、越南等东亚国家最古老的诗集流传至今。它可以说是在其发端显示了中国后来的诗歌甚至东亚诗歌一个源远流长的方向。[①]《诗经》中内容多为瞬间性的抒情诗，这是后来中国诗歌以抒情诗为主流持续发展的发端。日本的诗歌，也处于这样的方向中，进而可以说，它也是现代日本小说往往是"个人小说"的发端。另外，其抒情是由日常事件、事物引起的，是以后中国诗歌常常为"日常的文学"持续发展的发端，进而也是日本诗歌、俳歌、俳句之类力主日常文学持续发展的祖先。尽管两者抒情方向十分不同，但《古今和歌集》序以之作为自己依据的态度，也并不是毫无道理的。[②]这些话足以说明《诗经》与汉文化圈诗歌与日本文学的历史关系。

顾颉刚先生在 20 世纪初说的一句话，"《诗经》这一部书，可以算做中国所有的书籍中最有价值的"[③]，而这种价值，不仅是就中国文化而言的。今天来自世界学术的

①〔日〕吉川幸次郎：《詩経と楚辞》，世界文学大系《中国古典詩集》解説，筑摩书房，1961 年。《吉川幸次郎全集》第三卷，筑摩书房，1973 年，第 18 页。

②〔日〕吉川幸次郎：《詩経と楚辞》，第 18—27 页。

③ 顾颉刚：《〈诗经〉在春秋战国间的地位》，《古史辨》第三册下编。

智慧，会给古老的《诗经》带来新的解读。《诗经》这样贴近生活、贴近人心的世界级文学经典，本来就存在各种各样的读风。"别裁伪体亲风雅"（杜甫《戏为六绝句》）是一种读风，"此怀岂独骚人事，三百篇中半是愁"（陆游《读唐人愁诗戏作》）也是一种读风，"四海方烽火，文章可济时。诗治《毛诗》故，堂下董生帷"（内藤湖南《送豹轩奉命游学支那次其留别诗韵》）又何尝不是一种读风？经过不同文化的过滤、搅拌与溶解，异国学者与诗人对其读解就呈现出异情、异思想、异色的特征。《诗经》在中国的研究史没有终篇，相比之下异文化对《诗经》学的研究却尚在序篇。本来前人对《诗经》的解读就与《毛传》《郑笺》《正义》等典籍无法截然分开来讨论，如今有关《诗经》的话语又加入了各种不同文化体系的解读。这不仅丰富了《诗经》的解读方式，也为探索全球化时代有关传统与现代等具有共同性的文学问题，提供了思考的资源和表达的喷气口。《诗经》学之博大精深，已非一种话语所能尽说也。

作为国学的《诗经》学和作为海外汉学的《诗经》学，两者有交叉，也有不同。最紧要的是在两者之间架起一座桥来。在国际学术交流越来越重要、越来越频繁的今天，我们的《诗经》学，需要干"拿来"和"馈赠"两种活儿。不过，"拿来"也不是像买家电，搬回来插上插销就能用。"馈赠"，也不是像请客吃饭那样温良恭俭让，轻而易举就生效。它们都需要我们对对方的文化有足够的理解。就从第一步——读懂对方著述来说，就不那么简单。比如研究日本《诗经》学，就需要有阅读古日语的能力，还需要有日本学术史的基本认知，对当代日本学术环境的知解。这些对我们来说，是全新的学问。要做到钻得进去、走得出来，就不是什么容易的事情。

真心想让中国学术走出去的人们，谁也不会放弃切实认知与洞察域外学界的历史与现状的努力。国际汉学既然是耸立在我们面前一座崭新的殿堂，那么当笔者踏进门槛的时候，便自然想到像自己一样的初游者与打卡者，将心比心，感到我们既需要高质量的文献整理著述，也需要对其做解读性的导游式著述，还需要把我们引向更高更远的前瞻性强的路线策划类著述。一个人、一本书是达不到这样的目标的，但可以适当兼顾，对于日本《诗经》学来说，文献辑录、考证与深度整理是追究其根与土；翻译与阐释，则是探寻其干与枝；比较研究，则是辨识其花与果。本人的兴趣和追求，惟愿从文献入手，尽可能让翻译与阐释不飘不虚，比较研究不浅不浮。

原载于王晓平著《日本诗经学要籍辑考》，学苑出版社，2019 年。有删节。

《日本诗经学要文校录》序

今天的《诗经》学，既是古典的，也是现代的；既是中国的，也是世界的；既是文学的，也是史学的，还包含着文字学、语言学、音韵学、经学、博物学、天文学、民俗学等多种可能性；既是古朴的，也是新兴的，因为它里面有比较文学、写本学等新学术难得的好材料。

本书聚焦于《诗经》学的新材料。

一个时代的文化，由千百万道风景构成，然而在它们成为过去的时候，就有很多会淹没在历史的尘埃中，其中就有一些很有价值的东西，无情地滚入被遗忘的清单。在文化现代化的进程中，就有很多有益于后世文化建设的东西，那些前人呕心沥血甚至倾其一生完成的产品，轻易地"如烟"去了。于是，自然会有一些人，将保存它们作为自己的使命。日本近现代一些学者对于古代《诗经》学材料的珍视，大概就属于这一类。

这里我们首先想到的是，仓石武四郎、小川环树在第二次世界大战前后对于清原宣贤《毛诗抄》的整理。该书于1942年刊出了第一册与第二册，后由于军国主义政府的侵略战争，不得不中止研究，直到1996年才出齐全部四册。

其次，还不能不提到目加田诚、村山吉广、江口尚纯等对于古代戏剧中《诗经》题材剧目的挖掘，对于日本有关《诗经》的著述与遗迹的研究与介绍，更要提到冈村繁在花甲之年开始借鉴清代考据学者的成果，以及日本足利宋本《毛诗注疏》与山井鼎《七经孟子考文》等资料，来对《毛诗正义》进行校勘。

从国际《诗经》学的研究来看，日本保存的有关《诗经》的古写本和刻本，虽然数量不多，但有很高的学术价值，其中特别应该提到的是《毛诗正义》单疏本和足利学校藏宋刊本《毛诗注疏》，以及自古相传的古写本。今后，《毛传》《郑笺》和孔颖达《毛诗正义》的校勘和整理，是不能离开这些资料的。同时，日本历代学者对《诗经》的钻研与理解，是另一种文化对《诗经》的解读，是其时其地的学人从本身的文化环境出发，对于邻国中国文化的解读，我们完全可以将此作为一种思想资源，拓宽视野，丰富我们对《诗经》世界性意义的认识，这于今后的《诗经》学研究极有裨益。

为了研究日本《诗经》学，需要对《诗经》在日本的传播、流传、接受、研究的全貌和细节有较清晰的认识，为此，著者利用搜集到的资料，著有《日本诗经学史》（学苑出版社）、《日本诗经学文献考释》（中华书局）、《日本诗经要籍辑考》（学苑出版社），编著有《日藏诗经古写本刻本汇编》（中华书局）。本书则收录江户时代以来学者有关《诗经》的重要论述、著述的序跋以及21世纪前的代表性论说。

学术呈现的方式，本来便不只论文论著一种。除了论文论著，系统的资料整理、随笔札记、传笺注疏、对谈访谈等口传体、纪事本末与诗话词话等故事体，无不可以作为学术传播的手段。日本《诗经》文献也颇为多样，既有近代以来的各种以"《诗经》研究"为名的专著，也有《诗经随笔》《诗经鉴赏》这样的"轻学术"类型小书，还有对《诗经》的翻译、改译和改编。这最后一类，其实也必须以学术研究为基础，具有不同程度的学术性。在今天，各国文化、文学交流日趋频繁深入的形势下，加强对这一类书籍的研究，显得尤其重要。

《诗经》学术的各种面孔，对《诗经》研究者来说，都有一瞥或凝视的必要。而来自另外一种文化的呈现，往往会有我们意想不到的因素冒出来。本来文化与文学的相遇、文学与文学的相遇，就是一种互读，即在怀揣自身文化的同时去理解另一种文化，或者面对另一种文化时也在反观自身文化，本不同于一种文化的自我解读。在互读过程中，不仅有误读，而且更大量的还有异读、偏读、歪读，乃至戏读。很多人会自觉不自觉地将自身的文化需要、文化观投射到对对方文学经典的解读之中。在这种情况下，深入了解对方的话语，就显得格外重要。为此，本书希望用较少的篇幅，更多样地呈现文献的原貌，故各种文体都尽可能顾及，而将对它们的解读权交给读者。

所选文章，一般有较大信息量而又简短好懂，从中可以窥探作者的学术思想，如果能反映成其学术背景、诞生经纬、学术传承则更好。中日两国学术环境完全不同，虽然两国学界交流日渐频繁，但在教育制度、学术理念、成果评价等方面的差异是显而易见的。相信通过这些文章，读者会发现另一种语境的《诗经》言说的得失与异同。

对于《诗经》文化的利用，本来就是各取所需的，其实这也是人们面对古典文化的一般规律。人道诗无达诂，而《诗经》尤无达诂，几可称为诗无达诂之最。所以，解读《诗经》时，不妨多留心一下，《诗经》原本是什么样，又曾遭受过怎样的撕扯、割裂或者粉饰、隐蔽、曲解、偏读。指出这些，是对《诗经》本身的尊重，是对传统文化真正的拥抱与坚守。而要做到这一点，还是要从"知道"开始。

原文是汉文的，加以校勘与标点；原文是日语的，则翻译成现代汉语。不论是写本还是刻本，原文多有讹误脱衍，皆加以校正，并适当注释。明显误写者径改，段落过长者，则重新分段，引文中使用的古汉字或古代假名，均改为现代规范文字。原文中出现的明治年代以后的日本年号，译文一般径改为公历。目的在于保存这些珍贵的资料，并为今后的研究准备基础材料，且为读者阅读时不致过于烦劳。

著者利用在日本工作的十多年时间广泛搜集有关文献，很多资料是在旧书店、旧书展搜罗到的，也有一部分收入《日本儒林丛书》等现代出版的书籍中，是从日本学者的整理本中摘录的。江户时代以前，有不少诗文乃至戏剧涉及对《诗经》的理解，不少已在著者之前出版的《日本诗经学史》中做过评介，这里便不再重复。江户时代及其以后的一些著述，如龟井昭阳《毛诗考》等，已收入《日藏诗经古写本刻本汇编》等，竹添光鸿《毛诗会笺》已有凤凰出版社出版的影印本等，本书也都略去。敬请读者将本书与以上各种书籍参照阅读。

《诗经》本是中国的文学经典，其深远的影响早已越出国界。不仅在日本曾经诞生过很多的研究著述，而且在汉文化圈的朝鲜半岛与越南，也有很长的传播史与接受史。对《诗经》的国际化研究有兴趣的学者正在增多。家井真《诗经原义的研究》、田中和夫《汉唐诗经学研究》、种村和史《宋代诗经学的继承与演变》等被译成中文出版，一批相关学术论文出现在两岸三地的学术刊物中，青年学者张小敏还出版了学术专著《日本江户时代诗经学研究》。

这样下去，《诗经》学研究能更多地吸收两国文化的学术智慧，并将朋友圈逐步扩大，使《诗经》赢得更多的喜爱者，也让其研究不仅成为中国文化中川流不息的河流，还能成为连接各国思想文化与共享智慧的桥梁。

跨文化研究首先需要有开放的心灵和心态。文化保守主义或者过度的民粹主义除了自捆手脚，于学术发展没有多少用处。不同学术观点、思想、方法和流派的共存和争鸣，互相借鉴与竞争，批评与反批评的理性对话，是学术健康与发展的标志，也是学者的真正梦想。学界需要有知识的巨人，也需要真正的学究，还需要善于与公众言说的专家。然而，学也无涯，生也有涯。著者虽然窃爱朴学，不喜空谈，性好探路，毕竟读书不多、不精，书中言说不到、不当、不确之处，均须得到读者指正。

原载于王晓平著《日本诗经学要文校录》，河北教育出版社，2021年。有删节。

《日藏中日文学古写本笺注稿》序

一

汉字研究的新分野，离不开汉字写本材料的支撑。这里不妨以日本省文为例来说明。

相传《法华义疏》是圣德太子为《法华经》《维摩经》《胜鬘经》所作精心注释之一种，被认为是日本现存最古老的写本，尤为可贵的是，它还是圣德太子本人亲笔书写的。从书法风格来看，与日本龙谷大学图书馆所藏敦煌写本《李柏文书》有很多相似之处。汉字书写最基本的特点就是多以简便为优先。也有一种看法，认为当时日本人还写不出这样流畅的散文，《法华义疏》也并非圣德太子亲笔[①]。不过，从现存的奈良写本中确实可以发现很多简笔

---

① 〔日〕魚住和晃：《書と漢字——和樣生成の道程》，講談社，1996 年，第 31 页。

字，也就是江户文字学者所说的"省文"。

日本汉文古写本中的"省文"，大致可以分成两种情况。一种是常规性的，即通行的简化写法，即不论任何场合，一般都可以使用的，读者也都并不陌生。另一种则是专门性的，即只在某些典籍或者特定范围内使用的。如《诗经》写本中《毛传》之"传"简写成"亻"、《郑笺》的"笺"写成"々"，《论语》写本中将《论语》写成"仑吾"。应永本《论语抄·阳货第十七》："宰我问"章释"旧谷既没，新谷既升"说："臼壳既——只一年〆ヨカルへキ謂ヲ云。去年ノ穀ハ今年ミナ二ナリテ、今年ノ五壳ステ二熟ス。天道モ一期〆萬物悉替ル也。"中田祝夫翻字本"臼壳"右旁注："舊穀の省文"，又在"五壳"之"壳"旁注"穀"字。"舊穀"这样被写成"臼壳"，"五穀"被写成"五壳"的情况，在其他文献中较少看到，一般只有研究《诗经》《论语》等经书的学者能够心领神会。省略的方式也比较单一，就是以字的一部分来替代全字。这后一种省文，需要专门讨论。

江户时代读本作家曲亭马琴在《菟园小说别集》中指出："我邦用省字早矣。《古事记》中，'弦'作'玄'，'村'作'寸'。后世亦夥。思之，兵戈之间，民间多拙于文笔，唯务从简便。"[①]松井罗洲的随笔《它山石》中有一

① 日本随筆大成編輯部：《日本随筆大成》新装版第二期，吉川弘文館，1994年，第117页。

则"佛家抄物书",谈及佛教相关写本中经常使用的省文。松井罗洲对日本写本中省文的整理和关注,考其所源,与新井白石《同文通考》中"省文"一节有关。新井白石《同文通考》说:"本朝俗字一从简省,遂致乖谬者亦多矣。今录其中一二,注本子于下,以发例,如华俗所用者,不与焉。"所列出的137个俗字或俗字部件,包括了当时大部常见简化俗字类型,但他认为那些都不是"华俗所用"者,则不尽然。如与敦煌写本相对照,新井所列出的"遠""淩""黾"等其实都非"华俗"罕见的。

太宰春台《倭楷正讹》附录《省文集》:"省文者,细书之用也。写细字者能此可以省功,如未知此法,则不可以读细字,此亦幼学所当知也。"附录载录"华人所为省文",又说:"又有倭俗所谓省文者,决不可用也。"

以上这些书中虽然提供了很多简省字,但仍然给我们留下很多的空白。首先,由于这些学人都无缘看到敦煌写本,所以多将六朝初唐俗字误作日本造字。其次,由于古写本多保存在个人手中,个体学者很难掌握全面的收藏信息,所以见到的写本数目十分有限,所以他们的归纳就不免有木无林之嫌,以真如藏本《王泽不渴钞》为例,如"實"作"寀"、"會"作"會"、"蝶"作"蜨"、"句"作"匂"、"題"作"匙"、"取"作"冣"、"曾"作"曽"、"獨"作"猲"、"謂"作"誤"、"遠"作"逺"、"哗"作"胧"等。很多古代及当时通行的简化俗字未被收进来。

再次，汉字的传播具有区域的国际性，他们还无法将朝鲜半岛汉字也作为"对照组"，做更加深透的文化分析。更让人慨叹的是，由于近代以来东亚社会文化你追我赶般地转头"西向"的文化趋势，江户时代的汉字著作很少得到评价，超越它们的俗字研究著述也十分罕见，这都加剧了我们奋起赶上的紧迫感。

写本具有的唯一性，使其成为考察书写历史最直接的材料。可以说，现存每一种汉文古写本都见证了汉字传承与演化的轨迹，可以在不同程度上提供一些该时期汉字的资料，为汉字研究做加法。具体而言，以下至少五类古写本与汉字研究的关系更为密切。即，各国保存的所谓《说文》唐写本残卷、原本《玉篇》等中国原抄本或重抄本、各国依照中国字书字样或体例编写的汉文字书、各国学者撰写的汉字学著述（如《说文识小》等）、各国学者研究本国汉字的著述和分散于各国佛经音义、写经、随笔、文集等书中的汉字资料。从日本来说，从《隶篆万象名义》《倭聚类名钞》《字镜》到今天的《大汉和字典》，都值得我们认真总结与研究。

近年以来，我国已经涌现出一批优秀的海外汉字研究著述，特别是佛经音义的研究可谓成果斐然。写本的汉字研究离不开书法研究。我国自古以来便有"书画同源"的说法。各国书写者往往在汉字中注入了独特的美学意识，由于审美意识的差异，使汉字形体多有变化。书写者将改变汉字结构作为一种美化的手段。如"因"字的四周方框结构整体上显得有些死板，于是便有人将其写成"囙"，有如一只脚迈向了门外。如台北故宫博物院藏《幼学指南抄·山·石鼓山》："盛弘之《荆州记》曰：建平郡南陵县石鼓南有五龙山，山峰嶕峣，凌云齐疏，状若龙形，故因为名。"在我们识读写本的时候，也在领略着古人对汉字美的陶醉与寻觅的匠心。这一方面的研究还有助于疑难字的解读。

二

汉文写本无疑是汉文之学研究的最重要的材料。这里所说的汉文之学，不是指汉代文章之学，也不是指汉民族文章之学。它同"汉文学"一样，是一个外来语，但也并不等同于"汉文学"。

在日本使用的"汉文"一词，是与和文、欧文相对的概念，专指中国文，实质上就是汉语文章。从字义上说是中国文章的总称。从用语上讲，汉文有文言、白话之分，但这里主要是指文言，也并不是将一切白话都排除在外，如宋明学者与僧人撰写的《朱子语录》《传习录》《临济录》等夹杂白话的语录体，以其对于日本语言文学产生过较大影响，传统上也纳入汉文之类。在朝鲜半岛，也是将"汉文"作为一种与本土文章、欧美文章相对的概念来使用。

因而，我们也不妨借用这样的分类，指称那些在域外曾经盛行过千年以上的用汉文撰写的文章。

汉文本以中国为发源地，然而它冲出了文化疆界，由近而远，由小而大，由古而今，在周边不断浸润当地的肥田沃土，从而培育出汉文化的别样花朵。用各该国本土的表述方式，也就是随着汉字的"国字化"，汉文也取得了享有各该国国籍的地位。不仅有大量汉文的产生，而且他们还直接推动了本民族语言文学的发展，先是独领风骚，而后则是与日文假名、韩国谚文、越南字喃等并驾齐驱，只是在近代以后，才从顶峰跌落，淡出文坛。今天，尽管它在各国的影响力大小不一，却绝不能说全然消失殆尽。

这里所说的"汉文"，比常说的"汉文学"更为宽泛。迄今各国出版的《日本汉文学史》《韩国汉文学史》等著述中所论述的汉文学，主要还是沿用西方文字观的"文学"定义，梳理的是汉文诗歌、散文、小说等文体的发展轨迹。尽管不少学者主张从中国文学历史生态特点出发，主张摆脱欧美、苏俄影响而建立自己的文学史观，但沿用多年的文学概念，也依然左右着中国文学研究，也就左右着学界对周边各国汉文学的研究。汉文学是用汉文创作的文学以及研究它们的学问，但多不把儒学、佛学相关的文章纳入其中。而这一类文章，在域外则也可以算作是"汉文"。

汉文之学，就是对各种汉文文体的作品加以研究的学问。《文选》收入包括赋、诗、骚等各类文体的作品，《文体明辨》分得更细，达 127 类。有些文体，今天在中国本土几乎被人遗忘，文学史上也不见提及，但在域外汉文中曾出现过众多影响深远的作品，如佛教中的愿文等。日本《本朝文粹》中收入的敕书、敕答、位记、池符、官符、意见封事等官方文书，是"以文为政"之文，朝鲜《东文选》中的教书、诏敕、制诰、册、批答、表笺、状、启、奏议等官文之外，还收入了上梁文、祭文、祝文、疏、青词等与宗教相关的文体，这些文体的文章是否算作"文学"，固然可以见仁见智，但它们都可以作为"汉文之学"来加以深入研究。

值得注意的是，大量汉文之学的材料，是以写本的形式留传至今的，有些已经整理出版，有些依旧终于写本。笔者在东洋文库中曾经读到越南诗赋的写本，至今所论甚少。除了中国典籍写本和各国学人用纯汉文撰写的诗文之外，汉文写本中的两类文字也颇值得注意：一是所谓变体汉文，即从该国的角度来看夹杂本土语法和本土语言汉化词汇的汉文；另一类是插入本民族诗歌等民族文体中的汉文序跋、尺牍、引述汉文等，如日本最早的和歌集《万叶集》中的汉文题跋等。

三

不同文化互鉴互通的事业，拒绝狭隘的文化心理与对内外文化差异一头雾水的头脑。选择共同感兴趣的中国古代文化问题，中外学者展开合作研究，无疑是海外中国学研究的题中之义。东亚汉文写本的研究，涉及汉文化圈各国的学术资源，有效的国际合作是成功的必要条件。

日本写本抄写者的汉文修养及语言感觉，往往给写本带来一些中国写本研究不曾遇到的问题。

比起敦煌写本中的误书、误释众多来说，有些日本写本有过之而无不及，因而，通过那些讹误满篇的写本，去还原写本文献的原意，就是一件首先需要做好的事情。书写者的误释是造成误书的重要原因，而现代研究者的误释则导致对文本进行郢书燕说似的注释。在日本汉文写本中，多见"有""在"不分、多加"之""也"等虚字、否定词位置失当、颠倒语序之类日本人学习中文常见的错误，也多有将训读符号、注释文字混入正文、误解重文号等特有符号等情况，至于中国写本中常有的音近、形近而讹、部件混用、正文注文相乱的现象也是无一不有。

即便那些已经较认真整理过的本子，也存在很大的重读空间。不少日本学者在追溯原典方面，有"上穷碧落下黄泉"的韧劲，他们不仅多从传统经典中去追查用典与词源，而且也充分关注了宋明俗文学的材料。不过，敦煌写卷以及新发现的俗书文献，可以提供给我们的启示依然还有很多，何况智者千虑，必有一失呢。尤其是深度整理时，耐人琢磨之处往往见于注释。

汉字文化圈中的写本，构成一幅独特的文化景观，凝聚了不同民族的文化创造。汉字文化圈各国都有一些人致力于这种文化的传承。日本各地有专门教授书法的"书道教室"。松本清张的《书道教室》就描写了一位保护自己的粉丝而自杀的书法先生。韩国首尔的街上树立着一支毛笔的雕塑，而在中国，与大妈的广场舞相似，不少城市中都会见到蘸着水桶中的水手握硕大的毛笔弯腰在地面书写的"广场水书"，这种以大爷们为主体、大妈们参加的自发文化活动，显示了书法艺术在草根阶层中的强大生命力。我们不妨把那些地面上稍纵即逝的楷书、草书的唐诗宋词，也看成一种写本的文本。毛笔书写存而写本文化存，写本研究与汉字同在。

本书的目标，正是要借用敦煌写卷研究的"钥匙"，破解日本汉文古写本研究的难题，呈现中国典籍东渐的历史原貌，重新审视中国文化对世界文化的贡献，为汉字写本学的建立积累基础材料。

古诗云："石压笋斜出，崖悬花倒生。"此斜笋倒花，既是生命力的写照，也暗含随地赋形的哲理，亦画出大自然的一道风景。我们正用一双热眼，去搜索世界每一个角落的汉文古写本，就像拥抱大自然的每一片绿荫，不弃每一株斜笋倒花。

原载于王晓平著《日藏中日文学古写本笺注稿》，浙江人民出版社，2022年。有删节。

第五辑　淡云轻烟

《十万个为什么》里的"沉醉时光"

记得小时候最开心的时光，是混进老河北大学（今天津外国语大学所在地）那间平房里的小书店，小小的个子，钻到大学生堆里蹭书读，小说、诗歌、剧本、科普，摸到什么看什么，站累了就蹲下看。那种"沉醉时光"读过的书很多记不得了，而首先想起来的自然就是《十万个为什么》。60年代初的第一版，一套十几本，这本没看完就惦记下一本。从近在身边的，到想也没有想过的，一个个"为什么"很耐琢磨。从题目到文字，都觉得特有意思。最好玩的当然是动物、植物、数学、化学那几本。我翻译的第一篇日本文学作品，是著名的动物作家椋鸠十的《大造爷爷和雁》，收在中国少年儿童出版社 1982 年出版的《月牙熊》里，这种缘分或许可以追溯到那时的杂书乱翻。

读完了《十万个为什么》，就想知道书里书外更多的"为什么"。在后来插队的行囊里，最重的就是打捆的《科

1957年，笔者（后二左四）戴着红领巾随天津师范大学（后改为河北大学）外语系教师和苏联专家游天津市干部俱乐部

学画报》《科学大众》和《知识就是力量》杂志。在我"泥土大学"的耕牧岁月以及随后的乡村高中数学教师生活中，这些从小翻看不厌的书，既是能提问求教的老师，更是能一起散心的老友。

现在看来，《十万个为什么》让我朦胧地感觉到，真相里的"为什么"常常与表面看见的、偶然听说的有所不同。从那以后，"杂书"伴我几十年，"为什么"跟了我一路。没有"为什么"的日子总觉得有些乏力，不说"为什么"的文章总有点不够劲儿，而从发现"为什么"到解开"为什么"的过程，恰恰都是精气神儿最足的时候。

原载于《中华读书报》2015年6月3日。

书客旧事

花园般的大学城里，我在寻觅。寻觅什么？寻觅一间书店。

不，不是那种堆满考研指南、六级习题的书店。我寻觅的是一间可以站在那里，捧起书本，就可以和孔子、佛陀、柏拉图对话的书店，寻觅一个可以与一起思考、交谈、辩论的朋友颔首擦肩、相逢一笑的空间，有一面张贴着墙报、海报、书讯、漫画甚至涂鸦的墙壁，一排排映着穿梭的身影，既让人沉静、也让人焦虑，既让人快乐、也让人痛苦，既让人严肃、也让人轻松的书架。

在有着高耸入云的图书馆大楼的校园，在互联网时代，在远离闹市的大学里，还需要书店或者书屋吗？我想反过来问，图书馆、互联网就已经具备你所需要的那些东西了吗？

我是在天津"五大道"长大的。少年时代开始的新华

伦敦博物馆前的书环

书店"蹭读"生活，无期待，无选择，碰啥读啥，这让我"学好数理化"之外的日子也过得格外快。挤在大学生中间的"立读"，我知道了庄周、苏轼、蒲松龄、曹禺、赵树理、罗广斌、曲波、杨沫，知道了保尔·柯察金、叶甫根尼·奥涅金、奥赛罗、邦斯舅舅……读书，原来是那么舒心的事情。大学书店，受惠的首先是大学生们，但又不仅仅是大学生们。

长大了再读那些书，已是 1973 年。那时大学里正在猛"反回潮"，工宣队进驻，占领上层建筑，外国书大都算是"帝修反"，又都成了禁书。好在我们的班主任申建中老师，看重的就是查原文、抠原著、读全集，他提出了一个响当当的理由：没看原书，就大批判，不等于凭空去骂一个素不相识的人吗？全班就用这个名义，从图书馆借了一批外国名著，条件是集体借出，月内全还，不准声张，不准外传，不准超期。读外国名著，就跟"地下工作"似的。想读吗？你从晚上 8 点到 12 点，我从 12 点到 6 点。人歇书不歇，宿舍熄灯，就打手电筒在被窝里读。排队打饭，课间十分钟，都成了抢读时间，奔跑着去与约翰·克里斯托弗、安娜·卡列琳娜、基督山伯爵对话。现在的电视神剧的编剧，谁能编出这样的"读书传奇"？

孔子说："三军可夺帅也，匹夫不可夺志也。"志，就是志向，心之所向。夺，就是强行改变。三军之帅，可以随时撤换，可人的志向就不是说让变就变得了的。读书，也是一种志吧。小学课本学过高玉宝的《我要读书》，后来在大港油田试油队的工棚里，在后山白毛雪风狂吹的冬夜里，在"深挖洞"的深深坑道里，"我要读书！"四个字一次一次从内心深处蹦出来，字字如春草，烧也烧不尽，冻死又复生，让我黯然神伤，夜不能寐。

我上的那所小学，原来叫五区中心小学，后来叫新华区中心小学，现在知道，那就是胡佛的故居，在马场道的东头。后来上的二十中，也在旁边，那是解放前的英国文法学校所在地，是伊斯雷尔·爱泼斯坦（1915—2005）的母校。家搬到马场道234号河北大学宿舍以后，每天上下学穿越五大道，在中外文化交融的氛围中行走。

一直到今天，每当走这一条路，我都要在马场道108号前停下来，多站上一会儿。因为在这里，我曾经多次拜访过我最初的学术引路人，已故著名古代文学研究家詹锳（1916—1998）先生。

1958年以前，我大姐王恩东与詹瑛先生同在教育系心理学教研室。那时，在天津师范大学（后来的河北大学）和平楼二楼，常见到可敬可亲的詹瑛先生。我当时不明白，为什么詹先生在当了教授之后，还要到美国留学，又为什么在美国拿到心理学博士学位之后，又要放弃在那里任教的机会，回到祖国来。可后来听到的消息就越来越糟，心理学成了"唯心主义"，心理学教研室散了，听说詹先生去中文系教古代文学去了。

因为有詹先生，108号成了我心中的一盏灯。更多的接触是在我1973年上了大学之后。每一次回津，我都要去拜访108号的詹瑛先生，跟他谈我读到的书。那时"左的锦标赛"尚未收场，记得我说起，读到有些特会"跟风"的论文，觉得作者伸手就能抓来时髦的帽子，却看不出文

1980年，笔者与著名古典文学戏剧小说研究家吴晓铃先生合影

章里有什么发现，我学不会这样做，又不知该怎么办。对我列举的那些"大作"，先生只轻声说了三个字："瞎扯淡。"先生的"不征不信"，让我深为叹服。晚年詹先生腿脚不好，每次告别，他都把我送到院子门口。

后来读的书多了，到国外转了十来年，我好像渐渐悟出他出国与归国两次选择的最根本的原因。在冥冥中，我好像跟着先生的路在走。我想，如果孔子、朱熹、王念孙生在20世纪，他们有机会的话，也会出去看一看外边世界，而不会只关起门来做学问的。

詹先生交给我的第一个也是唯一的任务，就是和杭州大学的陈植锷一起翻译松浦友久的《唐诗语汇意象论》。他介绍我与早稻田大学松浦友久教授（1935—2002）相识。

这是我第一次从事学术翻译，松浦友久也成为我深度接触的第一位日本汉学家，那本书也是我在中华书局出的第一本书。多年以后，在松浦友久东京都三鹰市家里的二楼书斋，听他谈起詹瑛先生的学问，敬佩与感激之情，溢于言表。我们相对默坐，沉浸在对这位师长共同的想念中。在我求学时代，能亲眼看到詹瑛先生怎样将海外汉学带进《文心雕龙》和李白研究中，是多么幸运。他用他的隐忍，用他的坚韧，用他默默的耕耘，用最后的生命，为文学的学术交流架起了一座桥。

没等听到新千年的钟声，詹瑛先生就驾鹤西去了。他或许不会想到，20年后的今天，凭着一台电脑，一部手机，从理论上说，我们就几乎可以随时与世界每一个角落的学者朋友交换资料，交谈学术问题。也正因为如此，我们更应该紧紧追随国际交流的新脚步，也更应该记住那些给大桥桥墩打好第一桩的人们，与世界的汉学家和关注中国文化的人们携手前行，同步记录，跟进思考。

鲁迅在《中国人失掉自信力了吗?》说："我们从古以来，就有埋头苦干的人，有拼命硬干的人，有为民请命的人，有舍身求法的人……虽是等于为帝王将相作家谱的所谓'正史'，也往往掩不住他们的光耀，这就是中国的脊梁。"我想，如果说在20世纪还有这一类人的后裔的话，当中就有一些像詹瑛先生那样的人，也就是鲁迅所说的"知识者"。他们的境遇像翻烧饼似的，冷也罢热也罢，但那追求真话、真知、真理、真情、真相的"志"，从不曾死亡过。也许他们不过是识字的"匹夫"，却因为有了"志"的支撑，生命从来不缺乏光耀。

诚然，人各有志。在书里、在书店里，我们却总能与那些在精神家园"修桥""铺路""造高铁"的人们相遇。他们是不同文化之间的"架桥工"。

中外文学交流史研究，我们已经有了《中国文学在国外》《外国作家与中国文化》《中外文学交流史》三套大型学术丛书。那么，为什么文化交流还需要"志传"呢？我们的《中外文学交流志传》，就是想要为这样的知识者画一画像。中外文学研究、中外文化交流研究能有新高度、新样态、新滋味，并由此而赢得新读者，是我们都乐见的。那种将复杂的社会文化现象和跨文化现象量化、简单化、标签化的文字，恐怕很少有人真心爱读。

托马斯·卡莱尔说："历史是无数传记的结晶。"史传是正史中的人物传。志传，指方志中的人物传（或称人物志）和独立成书的各类传记，稍晚于史传出现。史传和志传无疑是传记的正体。我们的交流史志传，重要的是人物志、学人传。在学人的生涯中，有文化与文化的邂逅，语言与语言的肉搏，精神与精神的对撞，灵魂与灵魂的对话。

我国被誉为"史家之绝唱，无韵之《离骚》"的《史记》，纪传部分那些生动的人物故事，不仅影响了我国两千多年的士人，而且为周边国家的史书修撰提供了典范。

朝鲜半岛的《三国史记》《三国遗事》、越南的《安南志略》《大越史记》和日本的《日本书纪》《大日本史》等史书，无不记下了许多难忘的民族文化英雄的足迹。除了官修史书之外，日本还有《大镜》等"物语风"史书，朝鲜半岛和越南也有汉文民间史书、野史笔记，记述乡贤民人的事迹。这些都是汉字文化圈可以共享的文化遗产，也是包括学术史在内的史学遗产。

20世纪的中外文学交流，为我们留下了数不清的生动故事。我知道，在五大道，还发生过这样的故事。在那个无学可上的时代，有两位高中生，贸然敲开一家大门，提出了一个让主人惊愕的请求：请屋里的老先生教他们外语。原来在他们正苦于无学无师的时候，路过这家门口，看到了贴在墙上的大字报，知道里面住着一位留过洋的"反动学术权威"，就决定以感动上帝的韧劲"强行"拜师。经不起他们一次又一次的登门求告，老先生终于答应了他们的请求，一个"地下学习班"就这样诞生了。虽然这种高风险的学习没能坚持多久，只让求学者学会了发音，然而这也足以成为他们一辈子激励自己的"青春物语"，或许亦可作为中国人好学传统的一个小小注脚。当然，它仅仅是不见于"五大道博物馆"的众多故事中的一个。那个时候，马场道的许多窗口，或许都有一个风雨彩虹相互切换的故事埋入心底。

文化交流的动力所在是人心，其效力终归也在人心。有人有心，才能讲好故事，我们把这些故事讲得有料（史料、资料）、有情、有味，有看头，有温度，就要摆脱自恃高深的"学报腔"。视野宜宽，材料宜富，叙事宜巧，道情宜精，议论宜深，如章学诚所说的"事者其骨，文者其肤，义者其精神"。

赖山东教育出版社知识者的远见，我们的计划得以启动。我们希望见到的是这样的书：情理相彰，文情并茂，适当配以图表。一册在手，有关某一文化现象的传播、翻译、交往、研究的全貌便能大体了然于心。不必面面俱到，但闪光点能给人印象深刻。各民族都有自己的文学智慧，用我们的文字，让他们牵起手来，不再只是"在水一方"，"溯洄从之，宛在水中央"。

鲁迅在《门外文谈》中说："由历史所示，凡有改革，最初，总是觉悟的智识者的任务。但这些智识者，却必须有研究，能思索，有决断，而且有毅力。他也用权，却不是骗人；他利导，却并非迎合。他不看轻自己，以为是大家的戏子，也不看轻别人，当作自己的娄罗。他只是大众中的一个人。我想，这才是可以做大众的事业。"我们的大学，应该多出些这样的知识者。让这样的知识者喜欢的书，一定是好书。我们能不能寻觅到这样的书呢？让我们期待着。

2019 年 6 月 30 日

原载于《国际中国文学研究丛刊》第八集，上海古籍出版社，2020 年。

字虫啊　字虫

　　有时想来自己都觉得好笑，看来我天生就是一条啃字儿的虫子。人们总是把那又小又贱又痴迷又没本事的活物叫作虫子。爱看书的叫作书虫，或者书蠹，我有点"泛化"了。小时候碰见带字儿的东西，哪怕是一块纸片，也愿意瞧瞧。常常是耳朵里传来家人的喊声："书迷，吃饭了！"才恋恋不舍地把眼睛从字儿上挪开。那时上学要走远路，一路感到没意思，就不由得掏出什么边走边看，看着看着，偶然会听到人喊我的名字，抬起头来，就看见家人无奈的眼睛，听到一声无可奈何的叹息："眼睛不要了！"至今，耳朵里好像还响着这样的声音。

　　从 1966 年 6 月那一天起，天下所有的书就分成了两类，一类是能看的，一类是不能看的。能看的就那么三五几种，不能看的就有成千上万了。

　　不过，我爱看字儿的本性到底难移。首先是把那时能找到的"能看"的字儿看个遍。主要是两位中国伟人的文集、全集，以及他们写的诗词歌赋，乃至一切文字。由于中学学了六年俄语，那么俄文版的小红书，就是"能看"的首选了。这让我很解闷儿，让我饥渴岁月有了食粮。看字儿，让我的生活里头添了阳光。

记得在乌兰察布草原边缘的丘陵地带插队那些年，腊月回家是打翻五味瓶的事儿。不止一次，我和我的同伴穿着重重的老羊皮袄，背着捎给家人的莜面山药蛋，一步一步"挪"往长途汽车站。凛寒五更天，莽原上一条细细的没头儿的路，不由自主地，有人起头，同声附和，你一言，我一语，不由背起书来：

"故天将降大任于是人也……

"外语是人生斗争的一种武器……

"在苍茫的大海上，狂风卷集着乌云……

"油蛉在这里低唱，蟋蟀在这里弹琴……

"八月秋高风怒号……

"人最宝贵的是生命……

"死去元知万事空……

"从门口到窗户七步，从窗户到门口七步……"

中文夹着俄文，诗诵配着歌吼，身上好像不再那么冻得哆嗦了，路也好像不那么漫长了。原来世界早已通过文字植入我们的脑仁儿，只要有一阵好风，鼓起风帆，就可能随时准备飘向那想象中早已朦胧缥缈的地方。

背书包的农牧民，内蒙古武川县，1970 年

　　地理书上描绘那个叫作"后山"的地方，气候特点是"长冬无夏，春秋相连"，老乡说那里是"一年一场风，从春刮到冬；一年一场雪，十月到五月"。今天，还是忘不了那里的白毛雪风，忘不了那石缝里洁净的山丹丹花和水沟边无邪的马莲花，忘不了把我送进大学校门的淳朴乡亲，忘不了那熏黑口鼻的柴油灯，忘不了灯火摇曳下的那"一桶杂食"：从范文澜《中国通史》到韩燕如的老版《爬山调选》，从科普杂志《知识就是力量》到《赤脚医生手册》。天高边地远，这里不会有人来翻开你的书问"能看""不能看"，土坯房、土坯桌、土坯凳，这里两类书自然归为了一类，都是"能看"的书啦。

　　啃字的习惯一直跟着我。后来大学毕业在国境线上工作，与外事工作有了关系，天天能看到俄文电讯，这自然又成为我寂寞时光的精神会餐。结果在研究生外语考试时给了我意外惊喜。因为那考卷上有不少当红的词汇，如"按劳分配"之类的，俄语专业毕业的人也未必说得准确，而我却毫不犯难，拿了高分，由此在研究生期间俄语免修，这为我自学自认为与我研究的先秦文学更有用的日语预留了时间。

那些年，只要捧起书，看见字儿，就好像见了老相识。这位老相识，随叫随到，召之即来。沉在里面，小小不言的烦心事就闪了。写写画画的习惯，也就走到哪跟到哪儿。虽然没有什么画画天分，记得在村里我曾经给老乡画过炕围子。遇见什么动心的事情，那脑子里就可能跳出马雅可夫斯基、贺敬之、郭小川、李季、闻捷等那些诗里的句子或节奏，有时候就把它们变成了字儿。不论品尝过多少苦涩，时不时地也想用字记录下普通人的美好，普通日子的美好。收于1973年出版的《乌兰察布之歌》中的《丰收田里话镰刀》是这样开头的：

青山舅割地用的好镰刀，
割起庄稼不展腰。
后生们唾口唾沫暗商量，
憋着劲和他比低高。

边城二连浩特，1976 年

1976 年，好消息从北京传到我工作的边城，突然感觉心里又升腾起了希望，忍不住提笔乱画一通，题为《沸腾的边城》，这首诗刊登在 11 月 6 日的《乌兰察布日报》上：

快！腾飞的骏马！
快！追风的列车！
从浩特，从哨卡，从营房，
欢乐的溪流汇成江河！

在日夜警惕的边防哨所，
红艳艳的标语大如云朵；
在披红挂绿的蒙古包里，
"好来宝"飞出了贫牧的心窝。

海关大楼升起红色的气球，

车站钟塔的彩旗迎风飘拂，

祖国边城穿上了节日的盛装，

安代舞从日出跳到日落。

这些叫不上诗的东西，这些字儿，只是一个青年人心头的陪伴者。

然而，让我对自己贪吃的字，特别是汉字有了超乎"独乐"境界的，那还是读研究生之后，特别是听了海外华人、著名学者袁晓园先生的讲演之后。记得她说，她曾经在联合国的图书馆里看那些同一种文献的五种语言版本，可以远远一眼看去，就知道哪种文献是中文的，哪种文献是俄语的。那最薄的一定是汉语，最厚的是俄文。这让人感到十分有趣。

简洁、优美、能说话而又有表情的汉字，实在可爱。"笑"字张开嘴巴，"哭"字挂着泪滴，"愁"字满面不舒展，"喜"字眉开眼笑。更重要的，就是它们告诉了我们祖先怎样走出洪荒，汉人如何与匈奴作战，以及我考大学时住过两天的武川县城，曾经是北魏重镇。

上研究生以后，便有了进图书馆书库的"特权"。1979 年的一天，我正在书库里转，蓦然在日文书里发现了 1943 年井乃香树所著《诗经美学（国风篇）》。乱翻的结果，看出里面说，日本也有一部与《诗经》相似的诗集，叫《万叶集》，这让我倍感新奇。于是，便借出来捧着《广辞苑》硬啃起来。有老师看到了，便不无担心地问我："你中国书都看完了吗？"但我的导师温广义先生却鼓励我读下去。我读下去。为啃那些硬骨头而猛攻日语，还得到了前来讲学的"大先生"著名学者朱星、吴晓铃、袁行霈等的勉励，他们让我第一次听到了"多学一门外语，就等于多长一只眼睛"这句话。那时我已决定把《诗经》作为自己的主攻方向，所以对一切书名带"诗经"二字的书都想摸摸。我的另一位导师李爱冬老师是研究元明清戏剧的，看我对日本学者的书感兴趣，便拿来家藏本青木正儿所著《元人杂剧》及日译本《元杂剧魔合罗》等让我读。这些研究与翻译中国古典文学的书，汉字占了一小半，捧

1980年笔者与研究生同学在草原上，左三是著名语言学家马国凡

メディア・言語文化コース

メディア・言語文化　教授	王　曉平
担当講義科目	中国文化研究
	地域文化演習A

研究分野　中日文学交流史・中日比較文学

日本文学がどのように中国文学を受容したか、中国文学の全貌や中日古代の文学交流史をよく見究める必要がある。漢語や中国古代文学の立場から、古代日本文学との共通性や類似性、さらに日本文学の形成過程における独自性と異質性を、比較の視座にもとづいて検証する。

受験生へのメッセージ

みんなが中国文学に親しむ研究になってくればと願っている。

图四　日本帝冢山学院大学海报（部分）

着字典耐心读，半懂不懂的，倒越啃越有味儿。好像学骑自行车那会儿，半会不会的时候，最想骑。那时傻傻地相信，日本的古典文学，也可能和中国古典文学一样，是面前的一座山，不歇气地爬上几十年，即使爬不到顶，总会越爬越高的，会看到更远更美、更真更奇的风景。这也可以说是字虫小小的梦想吧。

1989 年 10 月，在我到达日本福冈的第二天，便按照到一个新地方的习惯，上街去转一转。在一家餐馆的门前，我出神了，因为我看到这家店铺的大招牌，赫赫然写的是"悟空"两个字，这让我对这个城市一下子亲近起来。原来我们喜欢的孙猴子，一个筋斗竟然翻到了大海的这一边，成为人们美餐时都要回想起来的齐天大圣。这神功不亚于十万八千里的筋斗云。"悟空"这两个字，跨越了语言差异、文化差异、时代差异，唤起我与周围那些穿着和服、西装，操着完全不同语言的人有了些相近而又不同的感受。汉字奇妙，文学奇妙，人与人之间心灵的同与不同，更是奇妙。

说来研究生期间大学书库里启航的日本《诗经》学之旅，多少年来我一直在瀛海航路中。假如没有《诗经》，没有《诗经》东渐，今人不会知道有一个收藏丰富古籍善本珍本的地方叫"静嘉堂文库"，有一个著名的出版社叫"有斐阁"，有一个赏樱胜地叫"六义园"。假如没有《诗经》，没有《诗经》东渐，便不会有山形县致道博物馆的"关雎堂"，米泽市上杉神社的"甘棠之碑"，埼玉县岩槻市的"迁乔馆"，富山县不会有一座叫作"高冈"的城市，旧埼玉县也不会有一所"菁莪学校"。假如没有《诗经》，没有《诗经》的东传，日语中便不会有"风雅""凯风""鹿鸣"这些词，更不会有那么多研究与解读《诗经》的日文著述。而这一切，都早已是日本文化史、日本文学史的一部分。假如我们不去清理，那些向往风雅的诗篇和著述或许会玉石俱湮，类似的东西还有许许多多。然而，它们一旦被遗忘、被抹去、被抛弃，留给后人的，就将是一部残缺的日本文化史，残缺的日本文学史，残缺的中日文化、文学交流史。我们的搜集整理工作，既是中国诗学的远程追踪，为今天的我们思考中国诗学传播与影响提供基础材料；也是日本诗学的深层考古，为未来的人们通观全息历史、增长通变智慧保留镜鉴。

汉字对我来说，惯惯的，熟熟的，亲亲的，就像泥土对于农民，草原对于牧民，江海对于渔民，斧凿对于工匠，见了就想看、想摸、想琢磨……

当我笔下的汉字呈现出我想要的样子的时候，那汉字就是我的歌喉，我的舞姿，我的画笔，我的绣品，我的庄稼，我的牛羊……

虫子卑微，也就不必在意那些别人定制的牌号，倒也自在。哈哈，真能活成一条啃字的有灵魂的字虫儿，也算不赖。

不时有同学问我：你是怎样走上国际中国文学研究这条路的。以上就是我的回答。如果你有了相似的经历，我想你也会做这样的选择。

原为在天津师范大学继之讲堂所作讲演《文明之眼：让世界看上华夏风——中国文化海外传播的比较文化视角》，有删节。

我在日本教汉语

　　日本的中文教育，除了大学中文专业之外，至少还有三种课堂。一种是大学的公共外语课，一种是市镇公民馆（近乎我国的文化馆）的市民大学的中文班，一种是社会教育机构的中文教室。作为大学教师，我曾在福冈大学文学部、九州共立大学、立命馆大学经济学部、茨城基督教大学、大阪帝冢山学院大学人间文化学部，或作为"非常勤"教授，或作为专任教授，担任过汉语课程，也曾在茨城县日立市和大阪狭山市的公民馆讲授汉语与中国文化，还曾给东京的外语教育机构短期授课。我曾作为日本代表团的成员，出席过在北京举办的第一届世界汉语大会，并在会上与大阪大学内田教授商定，继大阪大学之外，在我任教的帝冢山学院大学设立大阪地区的第二个中国汉语水平考试（HSK）考点。

　　我在日本的十多年教学生涯中，在这三类课堂上的教学经历，一幕幕，早已飘进落花，没入流水。教过的学生，从大学生到公司职员，退休老人，有时就是青葱与不惑同班，少年伴白发共声。语言教学既有硬质的一面，更有柔美的一面；既有稳固的一面，也有流转的一面，通途与堑壕双叠，难解的尴尬递加会意的颔首，而不论在哪里，学生那困惑中交织着追索的眼神，永远是讲台上教师精进的引擎。

情与思

在日本，每年四月是新财政年度的开始，学校也是在四月开学。而大学新学期的课程，是在前一年十二月就要定下来的。1989 年 12 月，我刚到福冈大学研修《万叶集》才一个来月，文学部负责中文教育的笠征教授就跟我说，由于原来的一位汉语教师因故请假，希望我接下他的汉语课，教材是他早已确定了的，就是茹志鹃的小说《百合花》。不久，海泽州教授也提出，希望我能接手九州共立大学一个班的汉语课。即使研修工作已经很繁重，但我仍然毫不犹豫地答应了下来。

这里的一个重要想法，就是教学是学习与体验不同语言和文化最好的手段，这对于正在钻研日本古代文学和中日比较文学的我来说，无疑是绝好的机会。课堂上的日语，不同于生活用语，有很强的专业性，同时，学生的眼神，就是教师语言和知识的瞬时检验器。学生脸上那会心的微笑、开心的表情，就是对教师所讲内容的褒奖；而那疑惑的神情、不解的眼波，则是在向教师提问，甚至有时不经意间的撇嘴，突然瞪大的眼睛，或许就表明他们发现了教师发音或语调的错误。学生是在用舒畅的笑声、善意的微笑或者低头的沉默，在给教师的教学效果打分，这比起他们用笔画出的鬼脸、笑脸，打钩出的分数，更为真实。

记得小时候看过一部日本电影，名叫《二十四只眼睛》，是描写一位小岛上的小学教师与十二个学生的故事。在我成了教师以后，才明白这个名字的寓意。课堂上，教师和学生是在用眼神进行灵魂对话的。学生也在通过教师的眼神，感受许多知识以外的东西。他们从中可以解读出期待、信任、温暖，也可能解读出不满、焦躁、轻蔑、歧视，这影响的不仅是师生关系，往远的说、大的说，甚至是很长一段时间学生的自我评价和精神生活。

我在国内乡村小学复式班、高中数学课和大学语文课、古典文学专业课的教学经验告诉我，完全可以将我未来的那些日本学生，当成我接近和熟悉日本人、日本文化的一扇扇窗口。然而，用日语来讲授中文和中国文化，对我来说，毕竟是一个全新的挑战。于是，从12月底放假之后，我便开始了自我训练，除了坐在电化教室听磁带，就是到各种环境中找人说话。无数次张嘴即错，无数次顺口纠正，为的就是那个看似遥不可及的课堂上的低失误。

来日本后常常觉得，要用的话没学过，学过的话都没地方说。活的语言要在生活中学习。记得来日本前，著名的早稻田大学李白研究家松浦友久在南开大学访学，有空就找我一起骑车上街，也到我家来玩。我们都把与对方的交往当作语言实践课。两人约定，见面时我说日语，他说汉语，通信时则我写汉语，他写日语。就这样，他跟我学会了擀皮、攞饺馅这类词，我也跟他学会了用日语说"自行车打气"之类的话。我家出门就是过街天桥，有一次我带着他骑车走了一小段逆行，他马上跟我说："有章不循!"我发现他连流行语也能活学活用了。我把遇到的人都当作老师。不久，所在专家楼的管理员夫妇就都问我："你怎样这么快就会'九州弁'（九州方言）的?"我知道这是

笔者在福冈大学课间与学习汉语的学生合影，1990年春

"御世辞"(奉承话），真正的检验权握在学生手里。

看到教材，我就发现了问题。封面上画的是一位披着长发的美女背影，这就是插图者描绘的那位解放战争中的新媳妇了。上课的时候，学生提出的问题，也让人意想不到。他们在超市里就可以很便宜地买到被子，所以也不太能理解那位新娘子为救护伤员拿出陪嫁被子行动的分量。只有圆满解释这些问题，才能提起他们继续学好汉语的劲头。在讲解的过程中，我很快感到自己来日后的功夫没有白下。刚来时那用日语"谈笑风生"的想象也不再仅仅是梦了。更重要的，要让学生缩短与汉语、中国以及中国文化的距离，减少文化误解，就需要用对方能懂的方式说清楚，避免自说自话，那么对对方文化的理解、对学生的了解就很重要了。

认识文化差异是理解不同文化的起点，而语言文字又是这种差异的凝结点。语言学习者基于原有认知与碎片化信息来想象与框定学习对象，心怀的疑问看似出乎意料却实非空穴来风。我到日本的1989年10月中旬，在以后很长一段时间，电视台轰炸似的不断出现关于中国的负面录像，关于中国的未来，成为那些关心中国的青年人议论的核心。在他们从汉语作为切口提出的问题中，既有文化问题，如中国没有假名，怎么说和写外来语？为什么中国要有简化字？也有生活方式问题，如中国人为什么喜欢吃炒菜？碰到的中国人喝酒为什么不先给对方斟酒？还有社会政治问题，如中国的领导人是怎样选出来的？为什么有中国人会认为日本军国主义在复活？等等。对于这些问题，保持十二分的耐心是必需的。一两句怼回去是很容易的，但也滑过了文化对话的机会。笠征教授为了创造这样的对话机会，经常自掏腰包请中文研究班课程的学生喝咖啡谈中国、看中国电影。我也学他的做法，掏腰包请研究班学生在学校食堂喝咖啡，做中国游戏，请他们看《人到中年》《火烧圆明园》《少林寺》等，让许多日本学生与来日的留学生经常交谈，这些活动也让我对许多问题的思考由于多了接受者的这一角度而更深了一层。

日本汉学家在讲授中国历史或文学课程的同时，普遍也讲授汉语。早年他们没有机会留学中国内地，留学只能去中国台湾或香港。改革开放之后，他们非常珍惜与大陆学者的交流机会。由于地理与历史原因，九州地区集中了一批来自东京、京都等地的优秀中国学学者。我参加了九州中国学会在琉球大学举办的年会等各种活动，借此与合山究、竹村则行、甲斐胜二等异国同行交流汉语教学心得，请教诸如"大课有学生睡觉怎么办？""怎么处理学生迟到和'不勉强'（不学）？"之类的问题，跟他们学了不少好招儿。由于当时北京大学研究古代文论的张少康教授正在九州大学文学部讲授中国古典文论，我曾随他到京都和东京会见他的老朋友，结识了兴膳宏、笕文生、笕久美子、釜谷武志、爱甲弘志等中国古典文学研究家，平山久雄等语言文字研究家，以及贾平凹《废都》和莫言小说翻译者吉田富夫等。在交谈中常常听他们讲教汉语的逸事趣闻。

这一段汉语教学的经历，对于我第二年顺利完成在文部省共同利用机构国际日本文化研究中心的研究工作，实在是好处多多，不用怵头一连几小时与异国同行们的学术对话。以后我虽然已经离开了福冈，但我教过的学生还经常给我去信，报告他们到中国留学的经历，或者寄来出席其婚礼的邀请。

静与动

我在茨城基督教大学的工作比较单纯，就是教汉语。在我教的学生中，有英语、文学、福祉等专业的学生。福祉专业是专门培养养老院、福利院等社会福利机构的管理和工作人员的。那时，我还没有感觉到福祉专业的价值。今天，那些我曾经遇到的学生们，或许早已成为应对老龄化问题的骨干力量。

日本的大学跟所在社区的关系比较密切，大学教师有为社区文化服务的责任，因而，到公民馆为社会人讲授汉语，也是日常工作的一部分。我曾将这一段经历，写成一篇小文，发表在 1998 年 12 月 5 日《人民日报（海外版）》第三版。这里边引用边加点按语，以作补充。原文题目是《走近中国文化的小城人》：

日立电器的名声，使日立市的名字在中国恐怕比它所在的茨城县及县府所在地——水户更为有名。其实，很久以前，太平洋侧这座依山临海的小城，便与中国文化结了缘。明末遗民朱舜水便安葬在距此不远的瑞龙山上。现在，发达的交通使小城人去中国越来越方便，同时也有越来越多的人踏上中文这座桥梁，走近现代中国文化。

"白发伴少年"的中文班

从1998年4月，我开始在茨城基督教大学担任中文教师。第一次上四年级的"高级中国语"课，便使我颇感新鲜。围成半圆形的课桌，青年学生与中老年各占了90度。原来这座学校，中老年不仅可以成为旁听生，而且也可以成为本科生。学校里还办有面对社会的中文讲座，这也使我接触到更多的三四十岁的"大学生"和六七十岁的"老学生"。

"大学生"与"老学生"学起来比青年人还主动。一位"大学生"风趣地对我说："日本有句谚语，说人可以把马牵到水边，但马不想喝水的话，人也没办法。我们都是找水喝的马。"56岁的盐谷庸一郎是一位高中教师，下决心再次去中国留学，所以课堂上一有会话练习，他总是毫不踌躇，一点儿也没有日本学生中常见的那种不肯张嘴、怯于出声的羞态。日立公司的销售科长桥本茂男的学习方法更独特，课文自己讲，练习自己做，老师只须纠正错误与剖析难点。不过，由于他总爱向我刨根问底，而且常按照日语思维对汉语的习惯用法提出质疑，老师不能不随时准备与他一起搞一番两种语言的"比较研究"。

中文班里老少学生相互激励。年轻人背得快，"大学生"与"老学生"笔头勤。几个月下来，教中文的、学中文的，都成了朋友。读一读野村清、南道子与梅原美子交上来的作文《我与中文》，就会感到，中文的确成了她们生活中的一部分。

今按：大学入学不受年龄限制，这或许是高等教育普及后大学教育发展的必然趋势。不同年龄段的学生在同一课堂学习，教师就要善于搭配调度好各自的优势。日本大学一般一课时 90 分钟，"满堂灌"等同于疲劳轰炸，所以教师掌握好动静节奏就是提升教学效果的关键。课堂上的师生互动、生生互动、影像与语音互动，多种互动交替，课堂才会活起来，枯燥的语言课才会成为学生每周期待的课程。

从 20 世纪后期或更早，日本各大学先后抛弃了粉末横飞的黑板，而代之以更为有利于师生健康的"白板"，电化教学设备也在教室中普遍使用。白板书写折转自如，笔调灵活，轻重可观，擦拭方便。汉语教学中板书十分重要。记得听过袁行霈先生上课，学生一边听他讲唐诗，一边欣赏书法，那真是双倍享受，视听盛宴。不少学生会在爱上唐诗的同时，也爱上书法。我想如果袁先生是在白板上写字，可能更有一种风味。如果说黑板上写字考验的是教师硬笔书法功夫的话，那白板板书展示的就是教师的软笔书法，与毛笔书写更近一些。当堂书写，是汉语教学的重要因素，这是今天通行的PPT所不能完全取代的。教师多患呼吸道疾病，这是众所周知的事实。而白板书写在这方面无疑优于黑板。

"超高速制作"的中文短剧

每年茨城县收听北京广播会，都要举行一次中文讲座的集中授课，来自县内县外的中文学习者共同活动两天，这年已是第17届。其中最后半天是发表会，由全体学员自编自演中文短剧，从编剧到上演，只有一个半小时。由于我是第一次担任辅导教师，不免对这种"超高速制作"有些担心。

出乎意料，29名学员分成3个小组，很快变成了编剧、导演和演员，立即设计剧情，自编台词，接着是找地方背台词走台步，包括几位初次接触中文的学员，也扮演了角色。下午3点，短剧准时上演。剧情最复杂的，要数中级班表演的《有留的故事》。这是根据一位姓"有留"的学生在上海的经历虚构的，由"有留"亲自扮演剧中的"有留先生"。"有留"这个姓在日本不多见，中文发音与"有瘤"相同，结果引起一连串误会。热心的中国朋友送他去医院检查，远在日本的夫人闻讯赶来才知是虚惊一场。旅馆、医院、机场，各种场景的汉语会话都用上了，演员夸张的表演，不时引得台下的观众发出阵阵笑声。刚走下台，"有留"便急忙问我："都看懂了吗？"我忙说："看懂了，全看懂了！"他高兴地连声说："太好了！太好了！"

今按：当年据茨城县收听北京广播会的朋友们说，从70年代中后期，那里社会人学习汉语热就逐渐升温，到1989年达到巅峰。令人高兴的是，这次活动我还遇到了另一位中文教师王军，是80年代初在广州召开的日本文学研讨会上结识的原北京外国语大学教师。她在日本定居后，一直从事汉语教育。以后，我还遇到一些活跃在日本汉语教育战线的来自中国大陆的教师。在教学实践中，他们积累了丰富的教学经验。他们和日本教师一起编写了不少适用于日本不同程度、不同爱好学员的教材和课外读物，包括"恋爱中国语""电脑中国"等，让汉语走进了更多的日本家庭和课堂。

短剧在日语中叫作"寸剧"，类似于我国的小品，也就是即兴表演。几个学员聚在一起，碰碰剧情就上台，把学过的汉语尽可能用上。这种形式特别受到中级班和高级班的欢迎。这不过是课堂"动起来"的方式之一。教师在学员设计剧情的过程中，适度启发与提示，会使课堂更为活跃。

没有中文的汉诗朗咏

日语中的汉诗，既包括中国诗人用汉语创作的诗歌，也指日本人用汉字，实际却是日语，按照中国诗歌规范制作的诗歌。并形成了将这些作品按照一定的节律朗咏的艺术欣赏形式。这种形式从古延续至今，发展成各种吟诗的流派。成立于战后的霞朗咏会，是其中一个影响较大的团体。

10月中旬，霞朗咏会的第67届全国吟咏大会在水户隆重举行，来自全国各地的600多位会员同台吟咏。年龄最大的是92岁，最小的是5岁。在尺八（日本乐器）与筝的伴奏下，少则三五人，多则四五十人，吟咏中日两国诗人的传世佳作，有的还有手持折扇，身着和服的少女伴舞。会上还表彰了10多名80岁以上的高龄吟咏者。在会员吟咏的41首汉诗中，中国诗人的作品多达18首，其中李白的《早发白帝城》《静夜思》，陈子昂的《登幽州台歌》等，还是几个团体同时选用的作品。

古代的中国文化，很多已经融在日本文化之中，而现代的中国文化也有些渐渐影响到日本人的衣食住行的某些方面。今天的日本人，正是通过融会在日常生活中的中国文化理解中国的。

今按：今天，借助互联网，日本人学习汉语有了更多途径，汉语听力口语，可以通过手机、互联网随时不难看到的中国视频以及最新电影、电视剧来学习，还可以在互联网上直接与中国网友交谈，所以研究手机时代、互联网时代的汉语教育，就成为一个新课题。继承传统汉语教育的优点，创造更多当面或"隔空"的"动起来"的适合于年轻一代的教学形式，恐怕就是汉语教育工作者的新任务了。虽然我已经离开日本汉语讲坛十多年了，但听到日本汉语教育的新动态、新创造，依然倍感亲切。

笔者在面向社会公众的文化论坛上讲演

理与趣

日本大学的教学任务，基本是两种教员承担，一是固定编制的专任教师，一是对外聘请的所谓"非常勤"，即代课教师。此校的专任教师，往往成为彼校的只拿课时费的非常勤。非常勤还可聘请作为自由职业者的博士们。专任教员人数很少，除了担任两三门课，还要分别担任各种委员会的委员，如学生工作委员会、教学工作委员会、国际交流委员会、防止性骚扰委员会等，并参与学校的招生、教学管理等工作。每人一间的研究室，也要定期向学生开放，与学生谈话。加上个人的研究和社会活动，甚是繁忙。所以就有人模仿日本电影名字"男人不好受"，说"专任不好受"。

帝冢山学院大学的创立，可以追溯到1916年，大学中的人间文化学部，包括教养（liberal arts）学科、心理学科、食物营养学科等。1998年起，我作为专任教授，先后担任中国文化研究班课程（Seminar）、大学院生（研究生）的比较文学研究课程，同时兼任汉语课程。学生往往是通过汉语课，喜欢上中国文化，而后进入中国文化研究班，有的还继续考取中日文学比较研究生。帝冢山学院大学的校训是"力的教育"，特别注重的是能力的培养。与国内外语教育普遍重视应试与语法教学稍异，这里的外语教育更注重实用与学习兴趣的培养。

日语中有很多词汇和成语来自汉语，而且不少至今还在用。如表示人际关系的"交"字，日语中便有管鲍之交、骑竹之交、鱼水之交、金石之交、金兰之契、胶漆之交、杵臼之交、刎颈之交、莫逆之交、忘年之交等二三十种说法。它们不少来自中国典籍。不过问题是今天不少年轻人，特别是实用学科的学生，对自己的古代语言和文化都渐渐生疏起来，兴趣也越来越淡。在教学中结合时政新闻与社会热点问题，唤醒那些看似沉睡的古代语言，就容易引起有意思的话题。时任日本外相的田中角荣之女田中真纪子，在一次演说中曾经用过"隗よりはじめよ（从隗始）"，我在课上由此讲起我国战国时代郭隗自荐、燕昭王筑黄金台招纳贤才的故事，顺便向学生介绍宫城谷昌光的中国三代历史小说和描写春秋战国的中国电视剧。

由学生自由选择的从三年级开始的研究班课程，一般是小班授课，学生与导师有充分的沟通机会。我给研究生讲《聊斋志异》比较研究，而担任地域文化研究的鹤崎裕雄教授正在给他的研究生讲授和歌山、熊野地区的地域文化，其中涉及很多民间传说。他就对我说："比较文化研究重在不同文化间求其同，而地域文化研究则重在同一文化中求其异。中日古代民间文化中有很多相通的东西，咱们两个专业的课一起上如何？"于是，我们便开始了两位教授上一课的尝试，把研究生课堂变成了专题讨论会。鹤崎先生是位俳句家，每次师生聚会，总有人会喊一声："鹤崎先生，一句！一句！"鹤崎先生便会大大方方站起来，吟诵起他即兴创作的俳句。在我们共同的课堂上，他也不时引用俳句讲述民俗。我有时也会想起与作品相关的诗词。这样的课，老师教得开心，学生们看上去也很开心。我俩有时轮流走上讲台，在白板上一边写一边讲，学生们则随时就分发的资料和现实中的民俗现象提问，一时不能回答的，就等课下深入查询与思考后，下次课上再回答。

中日之间围绕汉字的文化交流，为今天的两国文化留下了很多宝贵的文化遗产。合理利用这些遗产，就可以让汉语教学活起来。日语中的汉字谜语、汉字游戏、汉语笑话和汉语故事，就成了快乐汉语、美味汉语的好佐料。日语中汉语游戏真是丰富多彩，接尾令、成语接龙、绕口令等都很有趣味。汉字谜语如"片方大きく、片方小さい、片方走り、片方跳ねる、片方人食い。片方草はむ"（一大一小，一跑一跳，一个吃人，一个吃草）猜出的虽都是一个"骚"字，但日语"骚ぐ"却是吵闹、着忙、骚动、极力称赞等意思。掏出三张卡片，上面分别写着"春""夏""冬"三个字，请学生猜一个日语汉字。爱动脑筋的学生，很快喊出"あきない"，也就是"商"字。因为"あきない"正是"商"字的日语读音，它的谐音，表示"没有秋"的意思。

讲课时引用这些汉字游戏、汉字故事，不仅可以活跃课堂气氛，而且经常作为语法词汇问题的铺垫，有助于解决学习中的难点。填字游戏，如空格中填入一字，构成两个词语。如"翻□本"，空格处填入"译"字，就组成了翻译、译本两个词。还有更为复杂的填字游戏，仿佛将人领入迷宫。①改动词语中的一字，将其变为反义词。如空腹（满腹）、冰点（沸点）、早熟（晚熟）等。②汉语中有很多日语中没有的音，有学生齿音字发不出来、分不清前鼻音后鼻音、碰到卷舌音就发晕，常把"日"读作"尼"，这些都可以通过日语中称为"早口言葉"的绕口令作为辅助练习。

有些学生因为日语中有汉字，便以为汉语好学，从而选择汉语作为第二外语，而中日汉字的差异恰好也是中日文化关系的一个缩影。志田唯史与叶千荣在《中国汉字与日本汉字》一书中曾经讲过这样一个故事。一个访华团圆满结束在中国的访问，中国厂长亲自驾车将他们送往机场，在车上，一位团员忍不住要表示一下感谢之意，便写下了"大変有難，我々上機嫌"，厂长大惊，以为他们遇到灾难，不愿意上飞机，结果将他们半路又拉了回去。而那位团员想说的是：非常感谢，我们非常高兴。这个故事或许有些夸张，但却说明了中日文字和语言的复杂关系。如果说每一个字就是一部文化史的话，那么每一个日本汉字也就是

---

① 〔日〕蕪谷久三：《漢字を遊ぶ本》，祥伝社，1984 年，第 127 页。
② 〔日〕山本昌弘：《漢字遊び》，講談社，1985 年，第 128 页。

一部中日文化交流史。我们对这种历史知道越多，或许便越不会将复杂的文化关系简单化。在表述这种关系时，我们不妨寻找化繁为简的最佳方式，而在认知这种关系时，却万万不该简单从事，贴上标签就万事大吉。

与茨城基督教大学一样，这里的学生社团活动相当活跃。学生们新组织的同好会，活动一年，经过考察，才能升格为研究会，而老社团每年都会积极在新生中吸收新团员。同好会和研究会都需要自主请老师来担任顾问。顾问要协助学生聘请教练，参加比赛或表演，对活动提出建议和意见。对中国文化有兴趣的学生，或者就是觉得自己研究与中国有关，便来找我做顾问。汉语与中国文化研究会、乒乓球研究会自不用说，连空手道研究会也找上门来，而我虽是这两项运动的门外汉，但也乐充其任。他们出去参与比赛，都须得到顾问的签字。研究会的学生们来了，谈起他们的故事，总少不了给我的研究室带来些活力和欢笑。每年秋季，大学的"文化祭"是这些研究会的大忙时节，准备好在大学"文化祭"（文化节）上展示他们的成果，诸如制作中国美食请大家购买品尝等，常是备受欢迎的节目。

大学新学期的师生"合宿"制度和"修学旅行"制度，是课堂外师生交流和教育的重要环节。得到天津师范大学国际交流处的协助，我曾多次组织和率领人间文化学部的中国修学团，到天津、北京、上海、杭州等地旅行，在行走中领会中日文化差异。有意思的是，尽管每次来华前，我都要再三叮嘱他们到中国后一定要管好自己的肚子，但来华第一天都免不了要闹急性肠炎的状况。闹不好还要叫急救车上医院吊瓶子。这不仅是因为中国菜比起日本化的"中国料理"别有一番味道，而且也是因为那些孩子习惯地把盘子吃光来表示对主人厨艺的赞美，而好客的主人看他吃的这么香就兴高采烈地加量或加菜，主人怕客人不够吃，客人怕辜负主人的好意。连餐桌上的文化差异都需要明白人，何况更深层次的精神交流呢？

我曾多次参观大阪四天王寺等举办的包含多种中国佛教文化元素的活动，听到不少与中国交流的历史传说故事，

"知中国会"体验踢毽之后

参观了与玄奘传说与遣唐僧相关的文化遗迹。大阪狭山市离高野山不远，那是平安时代空海离华归国后落脚的地方。2002年春，帝冢山学院大学文学部所在的大阪狭山市公民馆邀请我做了一次讲演，我就选择了"从玄奘到《西游记》"做讲演的题目。讲演一结束，就有听众提出，希望这一课程长期化。以此为契机，组织起了一个名为"知中国会"的团体，由我担任讲师，每月活动，学习与体验中国文化。"知中国会"中，有的学员学习过汉语，有的正在学习汉语，有的由此开始与汉语结缘。有学员告诉我，与她一起学习汉语的一位老人家，不久前去世。在弥留之际，嘴里喃喃有词，家里人细听，好像是在说汉语。这个故事给了我很深的印象。

人间文化学部所在的堺市，历史上与中国大陆的贸易活动十分活跃。得益于大阪与中国悠久的文化交流遗存，"知中国会"的会员们自发组织了丰富多彩的活动，从身边物、身边人、身边事出发，学汉语、知中国。看中国电影，吟汉诗，聊中国历史，参观博物馆与文化展，参加中日文化交流讲演大会，在公民馆大厨房举办饺子大会等。五年中，除我短期回国，活动风雨无阻，月月翻新。

2007年，我决定结束两头飞的"海燕"生活，完全辞去帝冢山学院大学的教职回国。"知中国会"的会员知道消息，一致决定，要"亲眼看一看王教授生活的地方"。这一年夏天，"知中国会"来到中国，捎来了那些因工作

"知中国会"部分成员摄于北京

而未能来华的会员的遗憾，参观了天津的大学，我随他们一起在天津、北京等地游览。他们回国后，给我寄来了在中国拍摄的照片和写作的游记。

走出国门看汉字汉语，视野就大大开阔了。我的研究兴趣，就不再局限在汉民族创造并使用的汉字，对周边各民族的汉字文化的兴趣更为浓厚。铃木修次曾著书，探寻汉字惊人的表现力、信息力、经济力的秘密，着重论述汉字的融通性与经济性①，远藤哲夫在《汉字的智慧》一书

①〔日〕铃木修次：《漢字再発見》，京都 PHP 研究所，1983年，第 10—23 页。

中，认为汉字是"世界不见其类的创造的艺术"，从字源到故事成语的积淀来赏析身边的汉字。他这样说：

的确，如果把汉字限定于信息传递的效用的话，伴随科学机器的发达，汉字或许会从社会表面上消失，然而，即使在遥远的未来有这样的日子，我也不能不祝愿，它不会被搞得难看受损而形骸化，而最终生机勃勃并蕴藏丰富情感与逻辑，以美丽的姿态而长眠地下，因为对我们来说，汉字是无可替代的文化与智慧的原点。[①]

这段话是在 20 世纪 80 年代说的，那时人们或许还无法想象人工智能会发展到今天的地步。关于汉语汉字的未来的思考，几十年来从来没有中断。日本学者对汉语汉字的看法也并不一致。高岛俊男就在《汉字与日本人》一书中，谈论过所谓"汉字崇拜的愚蠢"。[②]

诚然，语言和文字总是沉浮于历史长河，变转不息，然而，如果我们考察一下当今的流行语，就不难发现，从来没有一个时代，各国语言文字通过互联网有了如此活跃的相互融通的进程，尽管对这种现状的看法见仁见智，而

[①]〔日〕远藤哲夫:《漢字の知恵》,講談社,1988 年,第 219 页。
[②]〔日〕高岛俊男:《漢字と日本人》,文藝春秋社,1992 年,第 110 页。

加强对语言文字历史与现状开放式研究的必要性却是不言而喻的。虽然我早已离开了域外汉语教学的课堂，却还没有忘记当年的遗憾。因为从事这样的工作，理应是汉语或汉字的专家，而我恰恰不是。机器翻译和互联网可以使沟通的方式大变，或许毕竟不能代替人与人之间情感的沟通吧。如果我还有从事对外汉语教育的机会，我想，深入探讨一下人工智能时代的新问题，也该是十分有趣的事情。毕竟汉语教学的魅力，在于优美而变化无穷的汉语本身，在于创新不断的教学模式，也在于"人心不同，各如其面"的教育者和被教育者。

2023 年 2 月 15 日

原载于《汉学研究》2023 年春之卷。

后记

在"爱书家"的眼睛里，天地就是一座大书吧。

读书半个多世纪，书瘾不"退烧"，还想"海量读""河量读"似乎不太可能了，但"溪量读""滴量读"还是做得到的吧。

青年时代无系统、无导师、无教材的"三无"自学生活，留下的是一堆"杂学"记忆、"杂学"基础和"杂学癖"。带着这种"杂学癖"，我又在研究生期间开始接触了一点古今文通学，就觉得它趣味满满。杂学是现实，通学是梦想，不知不觉就这样跌跌撞撞走了几十年。

读的专业是先秦文学，后来很长时间在读日本古典文学，也算是与比较文学沾了边。但对《诗经》、对文字训诂的兴趣有增无减。和自学时代一样，碰到自己觉得有意思的方向就一头扎了进去，于是就有了对域外汉文学的研读、对国外中国文学的研读、对域外汉文写本的研读，在闯入当时，这些领域大多是路窄人稀的，现在都热闹起来。然而回过头来看自己的学问，就只应了韩愈《进学解》里"学虽勤而不繇其统"那半句话了。

不过，反过来说，"杂学"现实主义加上"通学"理想主义，做得好的话，或许也是对学科划分过细的一点补充。以此聊以自慰，那就不断鞭策自己：不要停下，往自认为好的方向走就是了。

好作者与好编辑相遇才会有好书的诞生。好书是作者和编辑心血的结晶。多亏了凤凰出版社的朋友们，尤其感谢樊昕副总编辑，才有了这本小书的问世。也愿下一部为读者献上的书之茶，更香一点，更美一点。

王晓平

2023 年 4 月

朗润舆地问学集　　　　李孝聪　著

夏夕集　　　　　　　　李　军　著

瀛庐晓语　　　　　　　王晓平　著

知哺集　　　　　　　　宁稼雨　著

莲塘月色　　　　　　　段　晴　著

我与狸奴不出门　　　　王家葵　著

紫石斋说瓠集　　　　　漆永祥　著

飙尘集　　　　　　　　韩树峰　著

行脚僧杂撰　　　　　　詹福瑞　著